365 Gute-Nacht-Geschichten

Texte: Annie Baker, David Bedford, Peter Bently, Dawn Casey,
Rachel Elliot, Claire Freedman, Lulu Frost, Timothy Knapman und Steve Smallman
Märchen und Fabeln: Claire Sipi

Illustrationen Innenteil: Deborah Allwright, Victoria Assanelli, Barroux, Maria Bogade, Alison Brown,
Lorna Brown, Fran Brylewska, Ying Fan Chen, Livia Coloji, Charlotte Cooke,
Valeria Docampo, Jacqueline East, Rebecca Elliott, Nicola Evans, Emma Foster,
Emma Levey, Polona Lovsin, Natalie Hinrichsen, Tamsin Hinrichsen, Katy Hudson,
Russell Julian, Sean Julian, Dubravka Kolanovic, Deborah Melmon, Mei Matsuoka,
Susie Poole, Alessandra Psacharopulo, Karen Sapp, Gavin Scott, Jaime Temairik,
Brenna Vaughan, Erica-Jane Waters, Steve Whitlow und Gail Yerrill
Layout: Duck Egg Blue und Kathryn Davies
Lektorat: Claire Sipi und Michael Diggle

Coverabbildungen: stock.adobe.com:
© Natalia (Hintergrund); © Happypictures (restliche Abbildungen)

First published by Parragon Books, Ltd.

5005 Newport Drive, Rolling Meadows, Illinois 60008
Parragon Books is an imprint of Cottage Door Press, LLC
Parragon Books and Parragon logo are registered trademarks
of Cottage Door Press, LLC

Emil-Hoffmann-Straße 1, D-50996 Köln
Gesamtherstellung:
Schwager & Steinlein Verlag GmbH

www.schwager-steinlein-verlag.de

Realisation der deutschen Ausgabe:
trans texas publishing services GmbH, Köln
Übersetzung: Susanne Schmidt-Wussow, Berlin, Petra Sparrer, Köln, u. a.
Lektorat: Ulrike Reinen, Köln
Satz: Regine Ermert, Köln

365 Gute-Nacht-Geschichten

Inhalt

365 Gute-Nacht-Geschichten

Inhalt

Goldlöckchen und die drei Bären

Es war einmal ein hübsches kleines Mädchen, das hieß Goldlöckchen, denn es hatte lockiges goldenes Haar, das im Sonnenlicht glänzte. Obwohl sie wie ein Engel aussah, benahm sich Goldlöckchen nicht immer wie einer. Sie war sogar ziemlich oft ungezogen und tat nicht, was man ihr sagte.

Eines Tages wollte Goldlöckchen hinausgehen, um auf der Wiese zu spielen. „Geh nicht in den Wald hinein“, mahnte ihre Mutter, „sonst verläufst du dich.“ Anfangs hörte Goldlöckchen noch auf die Worte ihrer Mutter, doch dann fing sie an, sich zu langweilen. „Warum soll ich eigentlich nicht in den Wald gehen, wenn ich dazu Lust habe?“, dachte sie sich. „Wenn ich auf dem Weg bleibe, kann ich mich nicht verlaufen.“ Also hüpfte sie über die Wiese und in den Wald hinein. Dort hatte sie so viel Spaß dabei, Blätter zu zerstreuen und auf Bäume zu klettern, dass sie völlig vergaß, auf dem Weg zu bleiben. Erst als ihr Magen knurrte, bemerkte sie, dass sie sich verlaufen hatte.

„So ein Hühnermist!“, schimpfte sie. „Ich habe Hunger.“ Plötzlich erschnupperte sie einen leckeren Geruch. „Hmmm“, sagte sie, dem Duft nachgehend, „wie köstlich.“ Ihr Näschen führte sie zu einem kleinen Haus im Wald. Goldlöckchen klopfte laut an die Tür. Doch niemand öffnete. Sie schaute durch das Fenster, konnte aber niemanden sehen. Also ging sie einfach hinein. Auf dem Küchentisch standen drei Schüsseln Haferbrei: eine riesengroße, eine mittelgroße und eine winzig kleine. Eh man sichs versah, hatte Goldlöckchen schon einen Löffel in die große Schüssel getunkt und schob sich hungrig den Haferbrei in den Mund. „AUA!“, rief sie. „Viel zu heiß!“ Als Nächstes probierte sie den Brei aus der mittelgroßen Schüssel. „IGITT, viel zu kalt!“ Nun war die winzig kleine Schüssel an der Reihe. „LECKER!“ Der Brei hatte die richtige Temperatur. Goldlöckchen aß in Windeseile die ganze Schüssel leer und leckte noch den Löffel ab. Dann sah sie sich im Zimmer um. Vor dem Kamin standen drei Sessel: ein riesengroßer, ein mittelgroßer und ein winzig kleiner. „Genau das Richtige für ein Nickerchen“, gähnte Goldlöckchen und schmiss sich in den großen Sessel. „Aua!“, jammerte sie. „Viel zu hart!“ Der mittelgroße Sessel war fast noch schlimmer: „Viel zu weich.“ Also probierte Goldlöckchen den winzig kleinen

Sessel aus. Er war wirklich sehr klein, doch sie schaffte es, sich hineinzuquetschen. Doch da machte es KRACKS! Und dann – KAWUMM! – brach der Stuhl unter ihr zusammen. „Oje!“, rief sie und sprang auf. „Vielleicht merkt es ja niemand.“

Goldlöckchen ging ins Schlafzimmer. Dort standen drei Betten: ein riesengroßes, ein mittelgroßes und ein winzig kleines. „Ich lege mich mal kurz hin“, beschloss Goldlöckchen. Sie ließ sich auf das riesengroße Bett fallen. UFF! Eindeutig zu klumpig. Dann sprang sie auf das mittelgroße Bett. FLUMP! „Zu wabbelig!“, rief sie und rollte herunter. Vorsichtig setzte sie sich auf die Kante des winzig kleinen Betts und wippte ein wenig. Es war genau richtig. Bald schlief Goldlöckchen ein.

Während sie schlief, kamen aber die Bewohner nach Hause. Das war eine Bärenfamilie: ein riesengroßer Papabär, ein mittelgroßer Mamabär und ein kleiner Babybär. Die Familie betrat das Haus und ging zum Küchentisch, um zu frühstücken …

„Wer hat von meinem Haferbrei gegessen?“, brummte Papabär, als er in seine Schüssel sah. „Und wer hat von meinem Haferbrei gegessen?“, brummte Mamabär. „Ihr habt wenigstens noch Brei übrig!“, rief Babybär. „Meine Schüssel ist leer gefressen. Sogar der Löffel ist blank geleckt!“ Nun wollte sich Papabär gemütlich vor den Kamin setzen. „Wer hat in meinem Sessel gesessen?“, brummte er, als er das zerdrückte

Kissen sah. „Wer hat in meinem Sessel gesessen?“, brummte auch Mamabär. „Ihr habt wenigstens noch eure Sessel!“, rief Babybär. „Meiner ist in tausend Stücke zerbrochen!“

Dann gingen die drei Bären nach oben ins Schlafzimmer. „Wer hat auf meinem Bett gelegen?“, brummte Papabär, als er die zerwühlte Bettdecke sah. „Und wer hat auf meinem Bett gelegen?“, brummte Mamabär. „In eurem Bett liegt wenigstens niemand!“, rief Babybär. „Schaut mal, wer in meinem schläft!“

In diesem Augenblick wachte Goldlöckchen auf und sah die drei Bären. Zuerst dachte sie, es wäre nur ein Traum. Doch als der riesengroße Bär „Wer bist DU denn?“ brummte, wusste sie, dass die Bären echt waren. Goldlöckchen sprang aus dem Bett, rannte die Treppe hinunter und zur Tür hinaus. Sie rannte und rannte, bis sie wieder zu Hause angekommen war. Von diesem Tag an war Goldlöckchen wie verwandelt. Sie sah nun nicht nur aus wie ein Engel, sondern benahm sich auch so. Na ja, zumindest meistens ...

Abends, wenn ich schlafen geh

Abends, wenn ich schlafen geh,
Vierzehn Englein um mich stehn –
Zwei zu meiner Rechten,
Zwei zu meiner Linken,
Zwei zu meinem Haupte,
Zwei zu meinen Füßen,
Zwei, die mich decken,
Zwei, die mich wecken,
Zwei, die mich weisen
Zu Himmels Paradeisen.

Zubettgehen

Im Winter steh ich auf bei Nacht,
Das Licht wird morgens schon angemacht.
Im Sommer aber, oh welche Pein,
Muss ich ins Bett bei Sonnenschein!

Blinke, blinke, kleiner Stern

Blinke, blinke, kleiner Stern,
Bist von uns so weit und fern.
An dem großen Himmelszelt
Leuchtest du, wie's dir gefällt.

Das Lied vom Monde

Wer hat die schönsten Schäfchen?
Die hat der goldne Mond,
Der hinter unsern Bäumen
Am Himmel droben wohnt.

Er kommt am späten Abend,
Wenn alles schlafen will,
Hervor aus seinem Hause
Zum Himmel leis und still.

Der Tag ist nun vorüber

Der Tag ist nun vorüber,
Jnd leis' zieht herauf die Nacht.
terne wandern langsam hinüber
Jnd halten am Himmel Wacht.

Dunkelheit breitet sich aus,
Nur der Mond schickt hellen Schein.
Vogel und Hase, Reh und Maus …
Auch die Blumen schlafen jetzt ein.

Troll zwei … drei … vier …

Trolle hängen oft herum und wackeln mit den Zehen.
Sie bohren in der Nase, und sie schlafen gern im Stehen.
Ziegen erschrecken sie zum Spaß; sie rufen ganz laut „Buuuh!“.
Nur ein Troll steht da ganz allein und traurig: Bugalu.

Die andren Trolle sorgen sich um diesen kleinen Wicht,
denn dass der ständig traurig ist, verstehn sie einfach nicht.
„Ein Freund ist alles, was ich will“, seufzt Bugalu bekümmert.
Da sieht er, wie schräg über ihm ein rotes ETWAS schimmert.

Das muss er haben!
Darum rennt er schnell auf kleinen Pfoten
bis zu dem Schild, das deutlich warnt:
Für Trolle hier verboten!

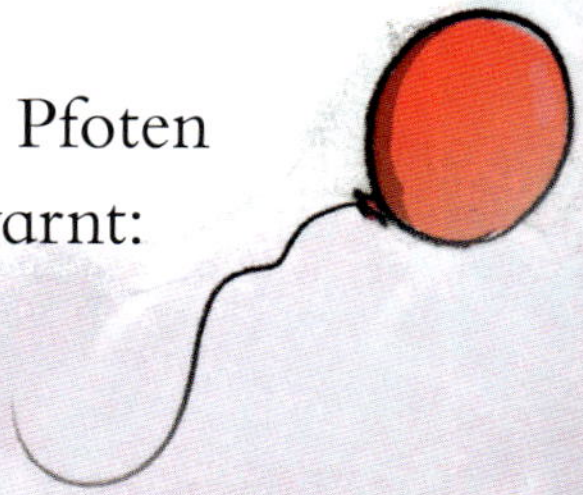

Ein zweiter Troll läuft ihm schnell nach und denkt:
„Muss doch mal sehen, wo er jetzt hinrennt."
Durch die VERBOTENEN Wolken geht's nun stets voran.
Da schaut ein Mann die Trolle völlig entgeistert an.

„Ich seh TROLLE!", schreit er vor Schrecken laut und flieht,
weil er Troll Nummer drei aus den Wolken kommen sieht.
Im Gänsemarsch folgt noch ein Troll: Jetzt sind sie schon zu viert.
Das rote Ding schwebt stets voran. Mal sehn, was daraus wird!

Und noch bevor Du sagst: „Buhuh!",
taucht aus dem Wolkenmeer
ein Troll nach dem andern auf und läuft auch hinterher.
Zottlige Trolle überall, die in den Straßen singen.
Sie lassen ihren Lieblingstrollmarsch laut und falsch erklingen:

„Troll, zwei, drei, vier, sag, wer grunzt hier?
Troll, zwei, drei, vier, viele sind wir …
… zählen aber nur bis vier!“

Die Menschen erschrecken vor den haarigen Trollen,
so stinkend und schmutzig: „Was die wohl wollen?“
Beim Spielplatz im Park bleibt Bugalu stehen:
So etwas hat er ja noch nie gesehen.

Ein Junge steht am Fenster und ruft: „Ist das nicht toll?
Dort unten auf dem Spielplatz, da rutscht ja ein echter Troll!
Er wirkt ein bisschen einsam und traurig, finde ich.
Mag sein, er wartet nur auf jemanden wie mich.“

„Hallo“, ruft der Junge, „ich heiße Max – und du?“
Das Trollkind lächelt freundlich: „Ich? Ich bin Bugalu!“
„Komm mit auf dieses Witsch-Dings!“, ruft der Troll Max zu.
„Mach ich! Das Dings heißt Rutsche“, sagt Max zu Bugalu.

„Willst du mein bester Freund sein?“, fragt Max den Troll.
„Oh ja!“, sagt der begeistert. „Das wäre wundervoll.“
Da staunen Menschen und Trolle: „Wie fein!
So verschieden können beste Freunde sein.“

Verbotsschilder und Wolken sind nun Vergangenheit.
Menschen und Trolle leben harmonisch seit der Zeit.
Sie spielen mit Booten, lassen Luftballons fliegen.
Keiner muss sich mehr fürchten, nicht einmal die Ziegen!

Die kleine rote Henne

Es war einmal eine kleine rote Henne, die lebte auf dem Bauernhof mit ihren Freunden: der schläfrigen Katze, dem faulen Schwein und der hochnäsigen Ente.

Eines Tages fand die kleine rote Henne ein paar Weizenkörner. „Wenn ich diese Körner säe“, sagte sie sich, „werden sie zu großen, starken Pflanzen mit noch mehr Weizenkörnern!“ Sie ging zu ihren Freunden. „Wer hilft mir, diese Weizenkörner zu säen?“, fragte sie.

„Ich nicht“, miaute die schläfrige Katze.

„Ich auch nicht“, grunzte das faule Schwein.

„Ich auch nicht“, quakte die hochnäsige Ente.

Also säte die kleine Henne allein alle Weizenkörner und wartete darauf, dass etwas wuchs. Zum Schluss stand der Weizen und trug dicke goldene Ähren.

„Ich habe den ganzen Sommer gearbeitet, und nun ist der Weizen reif. Wer hilft mir, ihn zu ernten?“, fragte die kleine rote Henne ihre Freunde.

„Ich nicht“, miaute die Katze.

„Ich auch nicht“, grunzte das Schwein.

„Ich auch nicht“, quakte die Ente.

Also ging die kleine rote Henne allein zur Ernte. Als sie fertig war, ging sie wieder zu ihren Freunden. „Wer hilft mir, den Weizen zur Mühle zu tragen?“, fragte sie.

„Ich nicht“, miaute die Katze.

„Ich auch nicht", grunzte das Schwein.

„Ich auch nicht", quakte die Ente.

Also trug die kleine rote Henne den schweren Weizensack allein bis zur Mühle. Der nette Müller mahlte den Weizen zu Mehl. „Wer hilft mir, aus dem Mehl ein Brot zu backen?", fragte sie.

„Ich nicht", miaute die Katze.

„Ich auch nicht", grunzte das Schwein.

„Ich auch nicht", quakte die Ente.

Also backte die kleine rote Henne das Brot allein. „Wer hilft mir, diesen Brotlaib zu essen?", fragte die kleine rote Henne leise.

„Ich!", miaute die schläfrige Katze.

„Ich!", grunzte das faule Schwein.

„Ich!", quakte die hochnäsige Ente.

„Nein, das werdet ihr nicht!", schrie die kleine rote Henne. „Ich habe die ganze Arbeit gehabt, und niemand hat mir geholfen. Das Brot werde ich mit meinen Küken allein aufessen!" Und das taten sie.

Sterne zählen

Morgen war der erste Schultag des kleinen Pandamädchens. Als ihr Papa sie ins Bett brachte, war sie viel zu aufgeregt zum Einschlafen.

„Ob ich wohl neue Freunde finde?“, überlegte sie. „Ich kann es kaum abwarten, meine Lehrerin kennenzulernen. Die Schule wird bestimmt toll!“

Papa gab sich große Mühe, damit das Pandamädchen müde wurde. Er las Gutenachtgeschichten, er sang Schlaflieder und streichelte ihm sanft über sein weiches Fell, aber es war immer noch hellwach.

„Na schön“, sagte er schließlich. „Schlaf auf keinen Fall ein. Du musst noch wach bleiben, bis du jeden einzelnen Stern am Himmel gezählt hast.“ Über ihnen funkelten Tausende von Sternen. Das kleine Pandamädchen begann, sie zu zählen. „Eins … zwei … drei … vier …“

Noch bevor es bei zehn war, waren dem Pandamädchen die Augen zugefallen, und es war eingeschlafen. Und wovon träumte es? Natürlich von seinem ersten Schultag!

Gerdas erster Schultag

Es war Giraffe Gerdas erster Schultag. „Ich bin noch viel zu klein, um in die Schule zu gehen, Mama", sagte Gerda.

„Du bist nicht zu klein", sagte ihre Mutter.

„Hallo Gerda!", rief Frau Schnabel, die Lehrerin.

„Ich bin noch viel zu klein, um zur Schule zu gehen, Frau Schnabel", sagte Gerda.

„Warum kommst du nicht einfach herein und siehst dich ein wenig um?", schlug Frau Schnabel vor. Als Gerda in die Schule gehen wollte, schlug sie mit dem Kopf gegen den Türrahmen. Bumm! „Du bist ganz gewiss nicht zu klein, Gerda", sagte Frau Schnabel. „Du bist eher zu groß! Wir werden den Unterricht ins Freie verlegen müssen." Alle anderen Tiere kamen nun ebenfalls nach draußen. Der kleine Löwe Leo stolperte beim Hinausgehen und verstreute sein Essen überall. Alle Tiere lachten fröhlich, auch Gerda. „Das ist Gerda", sagte Frau Schnabel. „Wir sind froh, dass du da bist, Gerda", riefen alle. „Im Freien macht Schule viel mehr Spaß!"

Die Schmetterlingsballerina

Ballerina Isabella liebte das Ballett und besuchte die Ballettschule von Madame Colette. „Jetzt üben wir die Positionen!“, sagte Madame Colette. „Non, non, Isabella! Du streckst schon wieder den falschen Fuß aus!“

„Ups, ’tschuldigung!“, sagte Isabella. „Ich verwechsle immer rechts und links!“ Dann kündigte Madame Colette den Mädchen ihren ersten Ballettauftritt an. „Wir werden das Schmetterlingsballett tanzen!“, sagte sie. „Ich werde die Mädchen aussuchen, die Regentropfenschmetterlinge und die Regenbogenschmetterlinge sind – und ein Mädchen wird den schönen Sonnenscheinschmetterling tanzen!“

Zu Hause erzählte Isabella ihrer Mutter alles über die Aufführung. „Wenn ich mir nur merken könnte, wo rechts und wo links ist!“ Isabellas Mutter lächelte und gab ihrer Tochter ein wunderhübsches Armband. „Trag es an deinem rechten Arm – dann weißt du immer, wo rechts ist“, sagte sie. Isabella ließ ihr Armband nicht aus den Augen, um sicherzugehen, dass sie sich stets richtig herum drehte.

Dann kam der Tag der Entscheidung. Madame Colette nannte jedem Mädchen seine Rolle. „Isabella, du wirst der Sonnenscheinschmetterling sein. Du drehst dich so wunderschön – du sollst die Abschlusspirouette tanzen!“ Isabella hoffte nur, dass sie dabei die richtige Richtung fand. In der Woche vor der Aufführung übte Isabella ihre Pirouetten überall. Sie drehte sich im Garten, … in ihrem Zimmer und sogar im Park.

Am Abend der Aufführung zogen sich alle Mädchen fantastische Tutus und zarte, schimmernde Schmetterlingsflügel an. Dann wurde es dunkel, und die Vorstellung begann. Die Regentropfen- und Regenbogenschmetterlinge kamen auf die Bühne getanzt und flatterten anmutig von Blüte zu Blüte.

Nun kam Isabella an die Reihe. Aufgeregt suchten ihre Finger das Schmetterlingsarmband. Dann trat sie hinaus ins Rampenlicht. Sie flatterte zur Bühnenmitte, atmete tief ein und legte die perfekteste Pirouette hin, die sie jemals gedreht hatte! Alle Mädchen kamen zu ihr – und verbeugten sich gemeinsam zu den letzten Musikakkorden mit einem Knicks vor dem Publikum. „Ups!“ Sie kicherte. Sie hatte beim Knicks den falschen Fuß nach vorn gesetzt – aber das war überhaupt nicht schlimm!

Sie war und blieb Isabella, die Schmetterlingsballerina!

Orangen und Zitronen

„Orange und Zitron“,
Läuten die Glocken von St. Gereon.
„Ich schulde dir 5 Taler, das ist wahr“,
Tönen die Glocken von St. Ursula.
„Wann wirst du sie mir zahlen?“,
Fragen die Glocken von St. Pantale’n.
„Wenn ich einmal reich bin“,
Singen die Glocken von St. Martin.

Kommt, ihr Mädchen und Buben

Kommt, ihr Mädchen und Buben,
Kommt ganz leise aus euren Stuben!
Wagt einen Sprung oder nehmt eine Leiter.
Auf der Straße wartet schon fröhlich und heiter
Die nächtliche bunte Kinderschar.

Wie der Leopard seine Flecken bekam

Vor langer Zeit lebte ein Leopard in einer heißen, kargen, sandigen Steppe in Afrika. Dort lebten auch Giraffe und Zebra und viele andere Tiere. Alle waren sandgelb, genau wie die Steppe selbst. Auch der Leopard war sandgelb, und das war nicht gut für die restlichen Tiere, denn auf der sandgelben Ebene konnte er im gelben Gras lauern, dann hervorspringen und sie auffressen.

Nach einer Weile hatten die anderen Tiere genug davon. Sie beschlossen, in den Wald zu ziehen. Im Wald fiel die Sonne durch die Bäume. Dadurch entstanden streifige, fleckige, ungleichmäßige Schatten. Dort versteckten sich die Tiere, und weil sie zum Teil in der Sonne, zum Teil im Schatten waren, bekam auch ihr Fell streifige, fleckige, ungleichmäßige Flecken. In der Zwischenzeit bekam der Leopard langsam Hunger. „Wo sind sie alle hin?“, fragte er die Pavianfrau. „Zum Wald“, sagte sie, „um sich vor dir zu verstecken.“ Der Leopard machte sich zum Wald auf, um zu jagen. Aber alles, was er sah, waren

Baumstämme. Sie waren getupft, gefleckt und gestreift – durch die Schatten. Er konnte die anderen Tiere nicht sehen, aber riechen, deshalb wusste er, dass sie da waren. Doch der sandgelbe Leopard war im grünen Wald nicht gut getarnt, und so hielten sich die anderen vor ihm versteckt.

Hungrig und müde saß der Leopard im Schatten. Bald bemerkte er etwas Komisches: Er war nicht mehr sandgelb. Sein Fell hatten kleine, dunkle Punkte, genau wie die kleinen, dunklen Flecken des Schattens, in dem er lag. „Aha!", dachte er. „Die Schatten haben diese Flecken gemacht, seit ich hier liege. Giraffe, Zebra und die anderen Tiere müssen auch ihre Fellfarbe geändert haben! Jetzt, wo mein Fell nicht mehr gelb-bräunlich ist, kann ich mich im grünen Wald verstecken. Und wenn sie dann nah herankommen, kann ich hervorspringen und sie auffressen!" Damit zog der gefleckte Leopard los in den getupften, gefleckten, gestreiften Schatten des Waldes, wo er bis an sein Lebensende zufrieden lebte. Er aß und schlief und wurde NICHT entdeckt. Und die anderen Tiere lernten, sich vor ihm zu verstecken, so gut sie konnten!

Die große Schwester

Lara war immer Mamas und Papas kleines Mädchen. Doch dann kam das Baby – und plötzlich war Lara die große Schwester!

Alle machten einen Riesenwirbel um das Baby. „Ist es nicht schön, eine große Schwester zu sein?“, fragte Tante Heike. „Ja“, sagte Lara. Aber manchmal wäre sie auch gerne wieder klein, so wie das Baby.

Als Papa das Fläschchen für das Baby zubereitete, fragte Lara: „Kann ich helfen, das Baby zu füttern?“

„Das würde dem Baby bestimmt sehr gefallen“, sagte Papa. „Unser Baby hat Glück, eine große Schwester zu haben, die ihm hilft.“

„Kann ich helfen, das Baby zu wickeln?“, fragte Lara. „Natürlich“, sagte Mama. „Danke. Unser Baby hat Glück, eine große Schwester zu haben, die ihm hilft.“

Am Abend sah Lara zu, wie Mama das Baby schlafen legte. „Das Baby hat gar kein Kuscheltier im Bettchen“, sagte Lara. „Es kann meins haben – aber nur für eine Nacht.“

„Das ist aber sehr lieb von dir, Lara“, sagte Mama. „Unser Baby hat Glück, eine große Schwester zu haben, die teilen kann.“

Kleine Schäferin Katrin

Kleine Schäferin Katrin hat vier Schafe,
Und sie ziehn jeden Tag hinaus zur Weide,
Vorbei an Feldern voll Getreide,
Bis sie das leck're Gras erreichen
Und die herrlich süßen Veilchen.

Mäh, Lämmchen, mäh

Mäh, Lämmchen, mäh!
Das Lämmchen lief im Schnee.
Es stieß sich an ein Steinchen,
Da tat ihm weh sein Beinchen,
Da sagt das Lämmchen: Mäh!

Bäh-bäh, schwarzes Schaf

Bäh-bäh, schwarzes Schaf,
Schenk mir deine Woll.
Gut, mein Herr, gut, mein Herr –
Drei Säcke werden voll:

Der erste für den Herrn,
Der zweite für die Dame,
Der dritte für den kleinen Bub.
Wie war doch gleich sein Name?

Die unzufriedene Eule

Als die Eule in der Nacht auf ihrer Eiche saß,
Da sprach sie laut und für sich hin:
„Das macht doch keinen Spaß!
Immer dies Geheule, und das die ganze Nacht –
Viel lieber hätt ich auch mal einen Tagausflug gemacht!“

Es stand ein niedlich Kälbelein

Es stand ein niedlich Kälbelein
Im Stall des Nachts beim Mondenschein
Und träumt’, es säh ’nen Haufen Heu!
Nun träumt’s Kälblein diesen Traum
Jede Nacht aufs Neu’.

Hei, diedel, diedel

Hei, diedel, diedel, die Katz spielt die Fiedel,
Zum Mond fliegt die Kuh, und der Hund lacht dazu.
Der Teller läuft mit dem Löffel fort –
Du glaubst es nicht? Ehrenwort!

Willst du tauschen?

Es war Zeit, ins Bett zu gehen, aber die Ente konnte nicht schlafen. „Ich bin es leid, eine Ente zu sein und den ganzen Tag nur Entengrütze zu fressen“, dachte sie bei sich.

Als sie ihren Freund, den Hahn, sah, hatte sie eine wunderbare Idee. „Hallo Hahn!“, rief sie. „Wollen wir tauschen?“

„Na gut“, stimmte der Hahn zu. „Entengrütze fressen ist viel besser, als jeden Morgen so früh aufzustehen.“

Am nächsten Morgen wollte die Ente den Bauern zum ersten Mal mit einem lauten Krähen wecken. Doch als sie den Schnabel öffnete ...

„Quak! Quak! QUAK!“

So sehr sie sich auch bemühte, sie konnte nicht krähen, und der Bauer verschlief. „Ich will wieder tauschen“, beschloss die Ente traurig. Zum Glück gefiel dem Hahn seine neue Aufgabe auch nicht besonders gut.

„Entengrütze schmeckt eklig, und irgendwie fehlt es mir, den Bauern zu wecken“, sagte er.

Als die Ente am nächsten Tag den Schäferhund beim Schafehüten sah, kam ihr ein Gedanke. Sie watschelte zum Feld hinüber.

„Das scheint Spaß zu machen, Schäferhund“, sagte sie. „Wollen wir tauschen?“

Das Schaf hat schlechte Laune

Das Schaf war schlecht gelaunt. Seine Freunde auf der Farm versuchten, es aufzuheitern, aber ihre Witze halfen nicht. Es fühlte sich, als stecke ein grimmiger Bär in ihm, der unbedingt hinauswollte.

„Ich habe eine Idee", sagte das Pferd, das in solchen Dingen sehr geschickt war. „Versuch es mal mit schwerer Arbeit."

„Was soll schwere Arbeit schon nützen?", grummelte das Schaf. Aber niemand hatte eine bessere Idee, also beschloss das Schaf, es zu versuchen. Es trug Eierkörbe für die Hühner. Es schleppte Heuballen für die Pferde. Es fuhr mit dem Bauern Traktor. Es arbeitete so schwer, dass es nach und nach seine schlechte Laune vergaß. Und am Abend, als alle müden Bauernhoftiere sich in der Scheune schlafen legten, bemerkte das Pferd, dass das Schaf lächelte.

„Ist sie weg?", fragte das Pferd.

„Ist was weg?", gähnte das Schaf.

„Deine schlechte Laune", lachte das Pferd. Aber es bekam keine Antwort. Denn das Schaf schlief schon tief und fest!

Käpt'n Rostbarts neue Regeln

Käpt'n Rostbart war für sein Leben gern Pirat – meistens jedenfalls. „Ich wünschte nur, es gäbe nicht so viele Regeln“, brummte er und blätterte im Piraten-Regelbuch. Anscheinend durfte er nichts tun, was ihm Spaß machte. „Ich hätte gerne einen Hund“, sagte Käpt'n Rostbart eines Tages.

„Piraten haben keine Hunde“, sagte der erste Maat erstaunt. „Ein Piratenkapitän darf höchstens einen Papagei haben. Sieh im Regelbuch nach.“

„Meine Füße tun weh“, sagte Käpt'n Rostbart ein anderes Mal. „Ich kaufe mir ein Paar Pantoffeln.“

„Piraten tragen doch keine Pantoffeln!“, sagte der Bootsmann entrüstet. „Sie tragen steife Lederstiefel. Das ist Regel Nummer fünf.“

Eines schönen Nachmittags blickte Käpt'n Rostbart ins klare Wasser und sah Dutzende von

Austern auf dem Meeresgrund. „Los, wir tauchen nach Perlen!“, rief er.

„Piraten tauchen nicht nach Perlen“, widersprach der Schiffsjunge und riss entsetzt die Augen auf. „Wir stehlen sie von anderen Schiffen. Weißt du denn gar nicht, was im Piraten-Regelbuch steht?“

Käpt’n Rostbart schleuderte das Regelbuch auf die Planken und trampelte darauf herum.

„Ich habe es satt, dauernd zu hören, was Piraten nicht dürfen!“, brüllte er. „Von jetzt an bestimme ich die Regeln!“

Zuerst machte sich die Mannschaft Sorgen. Wenn die anderen Piraten sie nun auslachten? Aber nach einer Weile machte es ihnen richtig Spaß. Schließlich waren weiche Pantoffeln viel gemütlicher als Lederstiefel. Der Hund des Käpt’ns konnte ein paar lustige Kunststückchen, und sie fanden beim Tauchen viel mehr Perlen als durch das Ausrauben von Schiffen.

„So macht das Piratenleben Spaß!“, rief Käpt’n Rostbart und wackelte mit den Zehen in seinen neuen Pantoffeln. Bald hatte jeder Pirat auf den sieben Weltmeeren von Käpt’n Rostbarts neuen Regeln gehört, und weißt du was? Sie wollten alle bei ihm anheuern!

Hektor Protektor

Hektor Protektor war gekleidet in Grün.
So ging er hin zu der Königin.
Die Königin fand ihn gar nicht schön,
Dem König er als ein Dummkopf erschien.
So ging Hektor Protektor fort,
Machte sein Glück an einem anderen Ort.

König Prall

König Prall war ein fröhlicher Gesell.
Wo es lustig zuging, war er dabei.
Er rief nach seiner Flöte
Und rief nach seinem Becken …
Dann rief er drei Fiedler herbei.

Graf von Stolzenfels

Graf von Stolzenfels führte munter
Einst seine Armee mit tausend Mann
Weit ins Land, einen großen Berg hinan
Und auf der anderen Seite wieder runter.
Auf dem Berg, da waren alle obenauf.
Doch im Tal war'n sie niedergeschlagen.
Und auf halber Strecke blickten sie auf
Und haben die Köpf doch gebeugt getragen.

Ringelrein und Rosenkranz

Ringelrein und Rosenkranz,
Rundherum geht unser Tanz.
Immer schneller, immer schneller ...
Hatschi! – wir fallen hin!

Behalte die Nerven

Wenn du zugedeckt fest schläfst,
Kriechen aus den dunklen Ecken
Seltsame Gestalten aus ihren Verstecken.

Doch behalte die Nerven,
Sei ohne Furcht,
Wenn sie Krach schlagen
Die ganze Nacht hindurch!

Geister gleiten den Gang entlang
Und schlüpfen unter Bett und Truh.
Sie zupfen gar an deinen Kissen,
Wo du den Kopf hingelegt hast zur Ruh.

Doch behalte die Nerven,
Sei ohne Furcht,
Wenn sie Krach schlagen
Die ganze Nacht hindurch!

Gespenster ziehen dir die Decke weg.
Sie zwicken dir in die Zehen
Und kitzeln dir die Nase mit winzigen Federn:
Ob du dich wohl rührst, das wollen sie sehen.

Doch behalte die Nerven,
Sei ohne Furcht,
Wenn sie Krach schlagen
Die ganze Nacht hindurch!

Geister kippen die Spielzeugkiste aus
Und probieren sämtliche Kleider an.
Sie fesseln dir deinen Lieblingsteddy
Und binden lauter rosa Schleifen dran.

Doch behalte die Nerven,
Sei ohne Furcht,
Wenn sie Krach schlagen
Die ganze Nacht hindurch!

Die Geisterparty am Ende des Betts
Hinterlässt Spuren von Saft, fast wie Blut so rot,
Und überall Krümel von trockenem Brot.

Doch behalte die Nerven,
Sei ohne Furcht,
Wenn sie Krach schlagen
Die ganze Nacht hindurch!

Denn des Nachts ist die Zeit,
Wenn Geister gern spielen.
Doch dämmert der Tag,
Dann fliehen sie weit.

Drum behalte die Nerven,
Sei ohne Furcht,
Wenn sie Krach schlagen
Die ganze Nacht hindurch!

Weizen, Hafer und Bohnen

Weizen, Hafer und Bohnen,
Weizen, Hafer und Bohnen.
Wer weiß wohl – vielleicht einer von euch? –,
Wie sie wachsen? Wird Ernte sich lohnen?

Zuerst sät der Bauer die Samen aus,
Dann steht er am Feldrand und blickt hinaus.
Er stapft mit dem Fuß, klatscht in die Hand,
Dreht sich im Kreis und schaut übers Land.

Wenn der Hahn kräht

Wenn der Hahn kräht auf dem Mist
Ändert sich's Wetter –
Oder 's bleibt, wie 's ist!

Der Apfelbaum

Seht diesen Baum, mit Blättern so grün.
Rote reife Äpfel hängen mittendrin.
Bläst der Wind, dann kommen sie zu Fall –
In mein Körbchen sammle ich sie all.

Montagskinder

Montagskinder sind selbstbewusst und schenken Ohr.
Dienstagskinder kennen Wandlungen und auch Humor.
Mittwochskinder wissen was von Sorg und Treu.
Donnerstags Geborene sind mitteilsam und selten scheu.
Freitagskinder kennen Unglück, doch auch Überfluss.
Samstagskinder zeigen Klugheit wie Lust am Entschluss.
Kinder, die an Sonntagen geboren werden,
Finden, so der Glaube, beinahe alles Glück auf Erden.

Dieter, Dieter, Kürbis liebt er

Dieter, Dieter, Kürbis liebt er,
Hat 'ne Frau, die gern fort schiebt er.
Sperrt sie in den Kürbis ein –
Da war er plötzlich ganz allein!

Lavendel ist blau

Lavendel ist blau, ringeding,
Pflück nicht zu wenig.
Du bist meine Frau, ringeding,
Und ich dein König.

Die Zooparty

Jeden Abend schloss der Zoowärter den Zoo ab und legte sich in seinem Wärterhäuschen schlafen. Und jede Nacht lag der Zoo friedlich und ruhig da – außer heute.

„Wisst ihr was, wir feiern eine Party!“, schlug der Affe vor. Die anderen Tiere waren begeistert. Jeder bekam eine wichtige Aufgabe. Die Pavianband probte ihre Songs, und die Pinguine mixten Getränke mit Eiswürfeln. Schließlich konnte es losgehen. Und es wurde eine fantastische Party!

Die Pinguine und die Delfine machten einen Bauchklatscher-Wettbewerb und spritzten dabei die Leoparden im Nachbargehege klitschnass. Der Affe feuerte Partyknaller ab, während er sich durch die Bäume schwang, und die Giraffe tanzte zur Musik der Pavianband. Die Musik wurde lauter … und lauter … und lauter ... bis der Zoowärter

aufwachte! Er spähte aus dem Schlafzimmerfenster und traute seinen Augen nicht. Der Strauß tanzte mit dem Flusspferd, und die Tiger und Löwen spielten Plumpsack.

„Ich träume wohl!“, staunte der Zoowärter. „Das ist aber ein schöner Traum – ich hoffe, ich wache nicht auf!“ Schnell kuschelte er sich wieder ins Bett.

Am nächsten Morgen war es im Zoo sehr ruhig. Alle Tiere schliefen nach der Party noch. Der Zoowärter dachte an seinen Traum, als er die Wege fegte. Plötzlich entdeckte er unter einem Baum einen Partyknaller! „Wenn ich es nicht besser wüsste, würde ich denken, dass mein Traum echt war!“, gluckste er, und ein verschmitztes kleines Lächeln trat auf sein Gesicht.

Die Räder am Bus

Die Räder am Bus drehn sich
Rundherum, rundherum.
Die Räder am Bus
Drehn sich rundherum
Den lieben langen Tag.

Zu zehnt im Bett

Sie liegen zu zehnt im Bett, und der Kleinste sagt:
„Rutscht ein Stück, rutscht ein Stück!"
Also rutschen alle, und einer fällt hinaus.

Sie liegen zu neunt im Bett, und der Kleinste sagt:
„Rutscht ein Stück, rutscht ein Stück!"
Also rutschen alle, und einer fällt hinaus.

Sie liegen zu acht im Bett, und der Kleinste sagt:
„Rutscht ein Stück, rutscht ein Stück!"
Also rutschen alle, und einer fällt hinaus.

(Wiederhole den Reim und
zähle von sieben im Bett bis zwei im Bett.)

Es liegt einer im Bett, und der Kleinste sagt:
„Gute Nacht!"

Der gestiefelte Kater

Es war einmal ein alter Müller, der hatte drei Söhne. Als der Müller starb, hinterließ er die Mühle dem ältesten Sohn. Der mittlere Sohn bekam die Esel. Der jüngste Sohn, ein freundlicher Junge, der stets alles für Vater und Brüder getan hatte, bekam nur den Kater seines Vaters.

„Was soll nur aus mir werden?“, seufzte der junge Müllerssohn. Da sprach der Kater: „Kauf mir ein schönes Paar Stiefel, und ich werde dir helfen, ein Vermögen zu machen.“ Ein sprechender Kater! Der Müllerssohn traute seinen Ohren nicht. Also kaufte er dem Kater ein Paar Stiefel, und die beiden zogen los, ihr Glück zu suchen. Nach einer Weile kamen sie zu einem großen Schloss. „Wäre es nicht wunderbar, so großzügig zu wohnen?“, fragte der Müllerssohn. Später, als der Müllerssohn

schlief, ging der Kater auf Jagd und fing ein Kaninchen. Das steckte er in einen Sack und ging damit zum Schloss. „Ein Geschenk für den König von meinem Herrn, dem Grafen von Carabas“, sagte der Kater und gab dem König den Sack. Der Kater ging zurück zum Müllerssohn und erzählte ihm, was er getan hatte. „Nun wird der König wissen wollen, wer der Graf von Carabas ist“, lachte der Kater. Ein schlauer Kater! Der Müllerssohn traute wieder seinen Ohren nicht.

Jeden Tag, eine Woche lang, brachte der Kater dem König ein Geschenk. Der König wurde sehr neugierig und beschloss, seine Tochter diesem geheimnisvollen Edelmann vorzustellen. Als der Kater dies hörte, lief er zu seinem Herrn und sagte, er solle seine Kleider ausziehen und in den Fluss gehen. Der verwunderte Müllerssohn tat wie ihm geheißen, und der Kater verbarg die geflickten Kleider hinter einem Felsen. Als der Kater die königliche Kutsche herannahen hörte, sprang er auf die Straße. „Eure gnädige Majestät“, sagte der Kater, „meinem Herrn wurden beim Baden im Fluss all seine Kleider gestohlen!“

Der König gab dem Müllerssohn feine Kleider zum Anziehen und bat ihn, in die Kutsche zu steigen. In seinem neuen Anzug sah der Müllerssohn sehr fesch aus. Die Tochter des Königs verliebte sich sofort in ihn.

Der Kater eilte voraus. Allen Leuten, die er auf den Feldern arbeiten sah, sagte er: „Wenn der König fragt, wem dieses Land gehört, so müsst ihr antworten, es gehört dem Grafen von Carabas.“ Hinter den Feldern lag ein großes Schloss, in dem ein grimmiger Zauberer wohnte. Der Kater stellte sich tapfer vor die Tür und rief: „Ich bin gekommen, um mir Eure Tricks anzuschauen.“ Der Zauberer verwandelte sich sogleich in einen fauchenden Löwen. „Guter Trick“, sagte der Kater, „aber ein

Löwe ist ein sehr großes Tier. Es wäre doch eindrucksvoller, sich in eine Maus zu verwandeln.“ Sofort verwandelte der Zauberer sich in eine Maus. Der Kater stürzte sich auf die Maus und fraß

sie auf. Dann sagte der Kater allen Dienern, dass ihr neuer Herr der Graf von Carabas sei, und der König käme zu Besuch. Als die königliche Kutsche am Schloss ankam, schnurrte der Kater: „Eure gnädige Majestät, willkommen im Hause meines Herrn, des Grafen von Carabas!“

„Du musst um die Hand der Prinzessin anhalten!“, flüsterte der listige Kater seinem Herrn zu. Der Müllerssohn tat wie ihm geheißen. Der König, der von allem, was er sah, beeindruckt war, willigte ein. Schon bald heirateten der Graf von Carabas und die Königstochter, und sie lebten glücklich miteinander. Der Kater wurde zum ersten Minister ernannt und bekam famose Kleider, die er stolz zu den schönen Stiefeln trug, die der Müllerssohn ihm einst gekauft hatte.

Was der Name verrät

Eines Morgens, als der Schneidervogel geschäftig durch den Wald flatterte, kam eine neugierige kleine Manguste vorbei. „Entschuldige! Warum heißt du Schneidervogel?“, fragte sie. „Tut mir leid, ich habe gerade keine Zeit. Du wirst etwas warten müssen“, rief der Schneidervogel.

Also setzte sich die Manguste hin und sah weiter zu. Zuerst stach der Vogel mit seinem Schnabel winzige Löcher in zwei große Blätter. Dann fädelte er Spinnenfäden durch die Löcher und nähte die Blätter zusammen. Zum Schluss polsterte er die Blattwiege mit Wolle aus, um sie warm und gemütlich zu machen. Als der Schneidervogel fertig war, steckte er den Kopf aus dem Nest.

„Fragst du dich immer noch, warum ich Schneidervogel heiße?“, piepste er. Die Manguste lächelte und schüttelte den Kopf „Nein!“, lachte sie. „Das ist deutlich zu sehen. Denn du kannst genauso gut nähen wie ein Schneider!“

Kleines Schaf

Das kleine Schaf fand keinen Schlaf,
Hin und her im Bett sich's warf.
Es dreht sich so, es dreht sich so,
Auf den Bauch und auf den Po.

Die Eule kam, die alte und weise,
Sprach: „Mein Schaf, sei mal ganz leise.
Du liegst doch mitten unter Schafen –
Zähl sie, dann wirst du schlafen!"

„Sieben, zwanzig, dreizehn, zwei ...
Das war falsch, noch einmal neu!"
Die Nacht war um, das Schaf noch wach –
Im Zählen war es leider schwach!

Old MacDonald hat 'ne Farm

Old MacDonald hat 'ne Farm,
Hie-a-hie-a-ho!
Und auf der Farm, da steht 'ne Kuh,
Hie-a-hie-a-ho!
Mit 'nem Muh-Muh hier, 'nem Muh-Muh da,
Hier ein Muh, da ein Muh, überall nur Muh-Muh-Muh.
Old MacDonald hat 'ne Farm,
Hie-a-hie-a-ho!
Old MacDonald hat 'ne Farm,
Hie-a-hie-a-ho!

(Wiederhol den Reim mit anderen Tieren und mach die Geräusche nach.)

In den Himmel

In den Himmel,
In die Lüfte,
Durch den Wind
Und durch die Düfte.

Eichhorn Fritze

Das kleine Eichhorn namens Fritze
Klettert – schwupp – bis in des Baumes Spitze.
Es wirbelt und wittert und findet etwas,
Und – schwupp – ist es wieder unten im Gras.
Dann knabbert es auf von der Nuss die Schale
Und setzt sich gemütlich hin zum Mahle.

Tom-Tom, des Pfeifers Sohn

Tom-Tom, des Pfeifers Sohn
Spielt immer nur einen einzigen Ton.
Stiehlt ein Huhn und rennt davon,
Übern Berg, übern Berg, in die Ferne.

Die bunten Unterhosen

Die Sonne scheint am Himmel, drum hängt der Hund geschwind
Die bunten Unterhosen zum Trocknen in den Wind.
Der Wind wird immer stärker, die Leine hält's nicht aus.
Die Unterhosen fliegen zum Himmel hoch hinaus.
Fliegen sie in den Dschungel?
Oder machen sie die Stadt bunter?
Kommen die Unterhosen über dem Meer herunter?

„Wie seltsam“, sagt der Kapitän des U-Boots in der See.
„Erst sah ich einen Blitz, doch plötzlich seh ich Schnee!“
Der Tintenfisch hat heute mit Unterhosen Glück.
Für seine acht Tentakel braucht er genau vier Stück.

Auch anderen im Meer
Stehn Unterhosen gut.
Johannes der Pirat hat einen neuen Hut!

Die Bienen schwärmen aus, den Sommer zu begrüß
Den Elefanten auch, doch Vorsicht, der muss niese
Ein Taschentuch muss her
So dringend wie noch nie.
Was kommt denn da geflattert?
Ein riesiges – HATSCHI!

Ein Jäger pirscht sich ran
Mit Helm und Jägerjacke.
Fällt über eine Hose und fällt
PLATSCH in die K ...!

Im Schloss fehlen dem König
Vor Staunen glatt die Worte.
Drei Unterhosen sind
Gebacken in der Torte.

Auf den Planeten Krax kommt
Etwas zugeflogen ...
Das Alien schreit: „HURRA!
Jetzt bin ich angezogen!“

Marie, Marie, was blüht denn da

Marie, Marie, was blüht denn da
In deinem Garten so schön?
Viola, Jasmin und Erika
Aufrecht in der Sonne stehn.

Langsam, langsam

Nur ganz langsam
Kriecht die kleine Schnecke;
Langsam, langsam,
Nur ganz langsam,
Übers Geländer, um die Ecke.

Schnell, schnell, rasend schnell
Rennt die kleine Maus;
Schnell, schnell, rasend schnell,
Rundherum ums Haus.

Geburtstagslied

Weil heute dein Geburtstag ist
Da haben wir gedacht:
Wir singen dir ein kleines Lied
Weil dir das Freude macht.

Und lädst du uns zum Kaffee ei
Befolge unsern Rat:
Besorge eine Torte schnell –
Groß wie ein Wagenrad!

Der kleine Mann

Ich hatte einen kleinen Mann,
Nicht größer als mein Daumen.
Ich tat ihn in ein Glas hinein,
Zu essen kriegt er Pflaumen.
Ich gab ihm ein paar Veilchen,
Die steckte er in eine Vase,
Er kriegt ein seidenes Taschentuch
Und putzt sich damit seine Nase.

Eine Kartoffel

Eine Kartoffel,
Zwei Kartoffeln,
Drei Kartoffeln,
Vier Kartoffeln,
Fünf Kartoffeln,
Sechs Kartoffeln,
MEHR!

Es war einmal ein Tiger

Es war einmal ein Tiger
Auf der Wanderung nach Riga.
Nach Riga ist er nie gekommen,
Vielleicht ist er davongeschwommen.

Wie der Bär seinen Schwanz verlor

Vor langer Zeit hatte der Bär einmal einen langen, schwarzen, glänzenden Schwanz, auf den der Fuchs sehr neidisch war. „Warum glaubt der Bär eigentlich, sein Schwanz sei so toll?“, grollte der Fuchs. „Mein Schwanz ist viel hübscher als seiner. Ich werde ihm eine Lehre erteilen.“

Es war Winter, und alle Seen waren mit einer dicken Eisschicht überzogen. Der Fuchs machte ein Loch ins Eis und legte dicke, leckere Fische daneben. Als der Bär abends daran vorbeikam, ließ der Fuchs seinen Schwanz durch das Loch ins Wasser hängen.

„Was machst du da?“, wollte der Bär wissen.

„Ich fische“, antwortete der Fuchs. Willst du es auch einmal probieren?“ Der Bär, der sehr gern Fisch aß, wollte es dem Fuchs natürlich gleichtun.

„Ich habe all diese Fische hier gefangen“, sagte der Fuchs. „Lass uns dort drüben ein neues Loch machen.“ Er führte den Bären an eine seichte Stelle und schnitt ein neues Loch in das Eis.

„Setz dich mit dem Rücken zum Loch und denk nicht an die Fische.

Sie merken sonst, dass du sie fangen willst. Sobald ein Fisch in deinen Schwanz beißt, kannst du ihn herausziehen. Bis dahin musst du aber ganz still sitzen bleiben“, erklärte der Fuchs.

Der Bär ließ seinen langen Schwanz durch das Eis ins Wasser hängen und tat, was der Fuchs gesagt hatte. Am nächsten Morgen kam der Fuchs zurück und sah, dass der Bär immer noch auf dem Eis saß. Er schlief und war mit Schnee bedeckt. Das Loch war über Nacht zugefroren, und der Schwanz des Bären steckte im Eis fest.

„Ein Fisch hat angebissen! Zieh ihn heraus!“, rief der Fuchs.

Der Bär schreckte aus dem Schlaf hoch und zog, so stark er konnte. Mit einem lauten KNACK brach der gefrorene Schwanz ab. Daher haben die Bären Stummelschwänze und sind auf Füchse nicht gut zu sprechen.

Vögelchen, ich lad euch ein

Vögelchen, ich lad euch ein,
An meinem Obst zu naschen.
Auch für eure Kinderlein
Macht euch ruhig voll die Taschen.

Alle Vögel sind schon da

Alle Vögel sind schon da, alle Vögel, alle.
Welch ein Singen, Musizier'n,
Pfeifen, Zwitschern, Tirilier'n,
Frühling will nun einmarschier'n,
Kommt mit Sang und Schalle.

Das Vöglein schlägt die Flügel

Unser Vöglein schlägt die Flügel,
Schlägt die Flügel, schlägt die Flügel.
Unser Vöglein schlägt die Flügel –
Fliegt bald auf und davon!

Kaffee und Tee

Meine Schwester und ich,
Wir haben uns entzweit,
Und weshalb und warum kam es so weit?
Sie wollte Kaffee, und ich wollte Tee,
Das ist der Grund für unser Weh.

Ich bin der Teekessel

Ich bin der Teekessel, hoch und rund.
Hier ist mein Griff, hier meine Tülle.
Du hörst meinen Pfiff,
Wenn ich spür meine Fülle.

Polly, stell den Kessel auf!

Polly, stell den Kessel auf,
Polly, stell den Kessel auf,
Polly, stell den Kessel auf,
Wir wollen Kaffee trinken.

Susi, stell den Kessel ab,
Susi, stell den Kessel ab,
Susi, stell den Kessel ab,
Sie gehen schon
Und winken.

Der große Bruder

Ein paar Tage war Lukas bei Oma und Opa, aber jetzt kam er wieder nach Hause. Und Mama und Papa hatten eine tolle Überraschung – ein Baby!

„Das Baby ist ja winzig klein!“, sagte Lukas.

„Du warst auch mal so winzig“, sagte Papa. „Aber jetzt bist du groß. Du bist der große Bruder von unserem Baby!“

Alles, was das Baby tat, war schlafen, weinen, essen und Windeln gewechselt bekommen. „Ich wünschte, das Baby würde sich beeilen, größer zu werden!“, sagte Lukas jeden Tag, denn er wollte mit dem Baby spielen.

Das Baby wurde größer. „Ist es jetzt groß genug, um mit mir zu spielen?", fragte Lukas und hielt seine Spielzeuglok hoch.

„Noch nicht groß genug, um Eisenbahn zu spielen", antwortete Papa. „Dafür musst du noch etwas warten."

Und das Baby wurde noch größer! „Unser Baby hat Glück, dass es einen großen Bruder wie dich hat", sagte Mama. „Von einem großen Bruder kann es nämlich viel lernen."

Aschenputtel

Es war einmal ein wunderschönes Mädchen, das mit seinem Vater, der Stiefmutter und zwei Stiefschwestern zusammenlebte. Die Stiefmutter war unfreundlich und die Stiefschwestern gehässig und behandelten es wie eine gewöhnliche Magd. Sie wiesen ihm gar einen Platz an der Feuerstelle in der Küche zu und nannten es nur noch Aschenputtel.

Eines Tages wurden alle jungen Frauen zu einem großen Fest eingeladen, damit der Prinz sich eine Braut aussuchen konnte. Die Stiefschwestern waren sehr aufgeregt, und Aschenputtel musste ihnen helfen, sich für den Ball herzurichten.

„Wie schade, dass du nicht mit zum Ball gehen kannst!“, spotteten sie. „Du hast ja gar nichts anzuziehen.“

Ach, wie gern wäre sie mitgegangen! Als die Stiefschwestern aus dem Haus gegangen waren, setzte Aschenputtel sich vor den Kamin und weinte.

„Trockne die Tränen, Kleines!“, sprach da eine freundliche Stimme. Aschenputtel blickte erstaunt auf. Vor ihr stand eine alte, freundlich

dreinblickende Frau mit einem Zauberstab in der Hand. Es war eine Fee. Sie ließ Aschenputtel den größten Kürbis aus dem Garten holen. Mithilfe ihres Zauberstabs verwandelte sie ihn in eine goldene Kutsche. Und ihre Freunde, die Mäuse, verzauberte sie in stattliche weiße Pferde. Eine dicke Ratte wurde schließlich in einen Kutscher verwandelt.

Lächelnd schwang die Fee ihren Zauberstab noch einmal, und plötzlich stand Aschenputtel in einem traumhaften Ballkleid da. An ihren Füßen trug sie zierliche gläserne Schuhe.

„So, nun kannst du zum Ball fahren. Aber bedenke: Mein Zauber erlischt um Mitternacht, dann ist alles wieder so wie vorher, und du musst das Fest verlassen“, erklärte die Fee. „Und nun mach dich auf den Weg – viel Glück!“

Als Aschenputtel im Ballsaal erschien, drehten sich alle nach ihr um. Die Gäste fragten einander flüsternd, wer wohl dieses bezaubernde Mädchen sein mochte. Und nicht einmal die Stiefschwestern erkannten Aschenputtel – so verändert und wunderschön sah sie aus. Und als der Prinz sie erblickte, verliebte er sich sofort in sie.

„Würdest du mir die Ehre erweisen, mit mir zu tanzen?“, bat er Aschenputtel. „Mit Vergnügen, Eure Majestät“, sagte sie und verneigte sich leicht. Da wusste der Prinz, dass er die Frau fürs Leben gefunden hatte.

Der Abend verging wie im Flug, und schon bald schlug die Uhr Mitternacht. Aschenputtel erschrak. „Ich muss fort!“, rief sie, denn sie erinnerte sich an die Worte der guten Fee. Sie stürzte aus dem Ballsaal davon und lief eilig die Treppe aus dem Palast hinunter. Der Prinz verstand nicht und zögerte kurz, dann folgte er ihr, aber als er vor den Palast trat, war Aschenputtel bereits verschwunden. Die unscheinbare Magd, die am Ende der Palasttreppe auf den Stufen hockte, mit dem großen Kürbis in der Hand und zu deren Füßen kleine Mäuse und eine Ratte umherliefen, bemerkte er gar nicht.

Aber da, mitten auf der Treppe, lag ein einzelner gläserner Schuh. Der Prinz hob ihn auf und ging zurück in den Palast. „Wem gehört dieser Schuh?“, rief er. „Dem Mädchen, dem dieser Schuh passt, gilt meine wahre Liebe“, sagte der Prinz. „Ich werde im ganzen Königreich nach ihm suchen, bis ich es gefunden habe.“ Nach einer langen vergeblichen Suche im ganzen Land klopfte der Prinz eines Abends auch bei Aschenputtel und ihrer Familie an. Die beiden Schwestern drängten sich sogleich wetteifernd eine vor die andere, um den Schuh anzuprobieren. Jede versuchte, ihren Fuß in den zierlichen Schuh zu zwängen, aber ihre Füße waren viel zu plump.

Da trat Aschenputtel einen Schritt vor. „Majestät", fragte sie schüchtern, „dürfte ich wohl den Schuh anprobieren?" Voller Staunen sahen die Schwestern, wie Aschenputtel ihren Fuß in den Schuh gleiten ließ – und er passte wie angegossen! Der Prinz schaute Aschenputtel in die Augen und erkannte, dass vor ihm das Mädchen saß, mit dem er auf dem Ball getanzt hatte.

Am Tag ihrer Hochzeit läuteten im ganzen Land die Glocken, und die Sonne strahlte mit dem Volk und dem Hofstaat um die Wette. Alle feierten mit Aschenputtel und ihrem Prinzen. Sogar die Stiefschwestern und die gehässige Stiefmutter waren zu ihrer Hochzeit eingeladen.

Und Aschenputtel und ihr Prinz lebten fortan glücklich bis an ihr Lebensende.

Gute Nacht

Und du, mein Kind, schlaf sorglos
Und träume süß heut Nacht.
Der Mann im Mond
Schaut auf dich herab,
Hält einsam seine Wacht.

Äpfel, Birnen, Pflaumen

Äpfel, Birnen, Pflaumen
Hingen an den Bäumen.
An den Bäumen hängt nichts mehr,
Die Zweige kahl, die Äste leer.

Eine Maus namens Klaus

Eine Maus namens Klaus
Lebte in einem kleinen Haus.
Sie fing jeden Tag Fisch,
Den gab's abends bei Tisch.

Der Mann im Mond

Ein Mann lebte einst im Mond,
Lebte einst im Mond, lebte einst im Mond,
Ein Mann lebte einst im Mond,
Wo sonst niemand wohnt.

Julians Sause

Julian wollte tanzen gehn,
Mit seinen Freunden allen.
Sie gingen lustig, dann blieben sie stehn,
Das tät ihnen wohl gefallen.

Lisas Börse

Lisas Börse ging verloren,
Fritzi Findig fand sie.
Es war kein Geldstück mehr darin,
Eine Schleife band sie.

Pink ist etwas für Prinzessinnen

Prinzessin Pia mochte kein Pink. Und das war ein Problem, denn alles, was sie bekam war stets pink. Ihr Zimmer war pink. Ihre Kleider waren pink. Und selbst ihre Haarbürste war pink. Eines Tages beschloss Prinzessin Pia, dass sie genug hatte von Pink und Rosa.

„Ich will kein Pink mehr!“, sagte sie entschieden.

„Sei nicht dumm!“, sagte ihr Vater, der König. „Pink ist für Prinzessinnen die beste Farbe, die es gibt!“

„Aber ich möchte so gern Rot, Grün, Blau und Lila tragen“, bat Prinzessin Pia.

Der König schüttelte den Kopf. „Kommt nicht infrage“, sagte er stur.

Aber Prinzessin Pia war noch sturer als ihr Vater. Sie legte ihren pinken Umhang um und zog die pinke Kapuze auf, sodass niemand sie erkannte. So ging sie zum Markt. An den Ständen wurden Kleider und viele andere Dinge in den schönsten Farben verkauft, die sie sich nur vorstellen konnte. Prinzessin Pia kaufte himmelblaue und grasgrüne Kleider. Sie wählte weiße und blaue Schuhe und suchte sich goldene Decken und dunkelblaue Vorhänge aus.

„Wer ist dieses Mädchen?“, flüsterten sich die Verkäufer zu. Im Schloss gab Prinzessin Pia ihre pinken Sachen weg und füllte ihren Raum mit allen anderen Farben. Als der König Pias Zimmer sah, fielen ihm fast die Augen aus dem Kopf. Aber dann sah er das glückliche Gesicht seiner Tochter und musste selbst schmunzeln.

„Du hast recht“, sagte er. „Es tut mir leid. Diese fröhlichen Farben passen perfekt zu dir, und es freut mich, dass du so glücklich bist.“ Von dem Tag an bekam Prinzessin Pia nie mehr etwas in Pink.

Die Ameise und die Taube

Eines Morgens krabbelte eine durstige Ameise das Flussufer hinunter, um zu trinken. Da kam ein Boot vorbei, das große Wellen machte. Die Wellen spülten die arme Ameise ins Wasser und trugen sie flussabwärts davon. Glücklicherweise saß eine freundliche Taube in einem Baum am Flussufer, die alles beobachtet hatte. Schnell ließ sie nahe der Ameise ein Blatt ins Wasser fallen. Die Ameise kletterte darauf und ließ sich zurück ans Ufer treiben.

Ein wenig später sah die Ameise, die zum Trocknen in der Sonne saß, wie ein Vogelfänger mit seinem Netz an den Fluss kam. Ganz langsam schlich er sich an den Baum heran, in dem die Taube saß, um sie zu fangen. Die Ameise wollte der freundlichen Taube unbedingt helfen, da sie ihr das Leben gerettet hatte. Also biss sie dem Vogelfänger in den Fuß. „Aua!“, rief der Mann laut. Die Taube flog erschreckt auf und entkam so dem Netz des Vogelfängers! Und die Moral von der Geschichte? Eine Hand wäscht die andere.

Der Fuchs und die Trauben

An einem Sommertag lief der Fuchs durch ein Feld, als er weit über seinem Kopf Trauben hängen sah. „Ich wünschte, ich könnte einige davon haben, um meinen Durst zu stillen“, dachte er bei sich.

Der Fuchs stellte sich auf die Hinterbeine und reckte seinen Hals, so weit er konnte, aber die Trauben hingen viel zu hoch. Da trat er ein wenig zurück, nahm Anlauf, lief auf den Rebstock zu und sprang … doch daneben!

Entschlossen, sich die köstlichen Trauben zu holen, sprang der Fuchs wieder und wieder. Nun war es ihm noch heißer, und er hatte noch mehr Durst als zuvor – aber immer noch kam er nicht an die Trauben heran!

Schließlich sah der Fuchs die Trauben angewidert an. „Ich weiß gar nicht, warum ich meine Zeit mit diesen fürchterlichen Trauben verschwende“, sagte er. „Ich bin mir sicher, sie schmecken richtig sauer.“

Und die Moral von der Geschichte? Das Unerreichbare ist leichter zu verachten.

Die Arche Noah

Vor langer, langer Zeit, als die Welt noch neu war, blickte Gott auf die Erde hinab und erkannte, dass die Menschen böse geworden waren. Sie hatten vergessen, dass Gott von ihnen verlangte, gut zu sein. Anstatt sich gegenseitig zu helfen, verbrachten sie die Zeit damit, einander zu bekämpfen und zu schaden. Darüber war Gott sehr unglücklich.

Doch ein alter Mann namens Noah erinnerte sich an Gott. Noah und seine Familie arbeiteten hart und waren freundlich zueinander und zu ihren Nachbarn. Gott war sehr zufrieden mit Noah und seiner Familie.

Eines Tages sprach Gott zu Noah: „Die Welt ist voller Bosheit. Also werde ich eine Flut schicken, die die Erde und alle Lebewesen darauf zerstört. Aber dich und deine Familie werde ich retten."

„Was muss ich tun?", fragte Noah. „Bau ein großes Boot, eine Arche", sagte Gott. „Sie muss so groß sein, dass du und deine ganze Familie sowie zwei Tiere von jeder Art der Erde hineinpassen – und genug Nahrung für alle."

Noah machte sich gleich an die Arbeit. Seine Söhne Ham, Sem und Jafet halfen ihm. Sie planten und maßen … hackten und sägten … hämmerten und schleppten … und bauten zusammen eine große, stabile Arche.

Schließlich war die Arche fertig. Noahs Frau, seine Söhne und die Frauen seiner Söhne gingen an Bord.

Dann versammelte Noah zwei Tiere von jeder Art der Erde – von jedem Lebewesen, das lief oder hüpfte, kroch oder flog, kamen zwei, um die Arche zu besteigen.

Da gab es Läuse und Fledermäuse, Kängurus und Streifengnus, Esel und Egel, Affen und Giraffen, heulende Eulen und schleichende Schlangen – so viele Tiere aller Arten in allen Größen! In der Arche gab es genug Platz für alle.

Als das letzte Tier an Bord gegangen war, schloss Noah die Tür der Arche. Dann fing es an zu regnen.

Es regnete und regnete, und das Wasser stieg und stieg und bedeckte alles auf der Erde. Sogar die Gipfel der höchsten Berge standen unter Wasser! Aber die Arche schwamm auf den Wellen, und alle an Bord blieben trocken und waren in Sicherheit.

Nach vierzig Tagen und vierzig Nächten hörte der Regen auf.

Starke Winde wehten und trockneten das Wasser. Bald tauchten die Berggipfel wieder auf, und die Arche blieb auf einem Berg namens Ararat liegen.

Eines Tages schickte Noah einen Raben aus. Der Rabe kehrte bald zurück – er hatte kein Land gefunden. Eine Woche später schickte Noah eine Taube aus.

Die Taube kam mit einem Olivenzweig im Schnabel zurück. Da wusste Noah, dass die Taube auf Bäume gestoßen war und dass die Erde langsam wieder trocken wurde.

Noah wartete eine Woche. Dann schickte er die Taube wieder aus. Dieses Mal kam die Taube nicht zurück – sie hatte Land gefunden!

„Es ist an der Zeit, die Arche zu verlassen“, sagte Noah. Er öffnete die Türen, und alle Tiere strömten hinaus. Sie zogen in die Welt, um ein Zuhause zu finden und Familien zu gründen.

Noah und seine Familie verließen die Arche zuletzt. Sie waren sehr froh, endlich wieder Land unter den Füßen zu spüren!

Als Erstes betete Noah zu Gott, um ihm dafür zu danken, dass er ihn und seine Familie während der Sintflut beschützt hatte.

Plötzlich sahen Noah und seine Familie etwas Wunderschönes am Himmel – einen leuchtenden Regenbogen!

„Dieser Regenbogen ist das Zeichen meines Versprechens an dich, Noah“, sagte Gott. „Ich werde nie wieder eine Sintflut schicken, um die Erde zu zerstören.“

Wenn wir heute einen Regenbogen sehen, erinnern wir uns an Noah und an Gottes Versprechen – an ihn und an uns.

Kellys Kessel

An einem schönen Nachmittag spielte Kelly im Garten. Da fand sie einen Kessel mit drei Beinen. „Sieht aus wie ein Hexenkessel“, dachte Kelly. „Vielleicht kann ich etwas zaubern?“

Sie tat ein paar Rosenblütenblätter und Erdbeeren vom Beet in den Kessel und sagte das Zauberwort: „ABRAKADABRA!“

PUFF! Ein großer Kuchen, dekoriert mit Erdbeeren und Zuckerrosen, erschien vor Kelly.

„Lecker!“, sagte Kelly und aß alles auf.

„Was für ein toller Zauberkessel!“

Als Nächstes legte sie eine Haarbürste, einen Zuckerwürfel und eine Brotscheibe in den Kessel. Sie sagte das Zauberwort und PLOPP! Ein schwarzes Pony stand plötzlich im Garten und knabberte Gras.

„Oh!“, rief Kelly überrascht. „Ich hatte mir schon immer ein Pony gewünscht.“

Kelly kletterte in den Sattel und ritt drei Runden im Garten. Dann sprang sie neben dem Kessel ab.

„Jetzt kommt der größte Zauber von allen“, sagte Kelly. „Ich zaubere, dass ich nie mehr ins Bett gehen muss.“

Sie warf einen kaputten Wecker, ein Buch mit Gutenachtgeschichten und ein Bild von einem Stern in den Kessel. Voller Vorfreude rieb sie ihre Hände und sagte den Zauberspruch: „ABRAKADABRA!“ Kelly wartete und wartete, aber nichts geschah. „Ich versuch es noch einmal“, sagte Kelly. Diesmal sagte sie den Zauberspruch etwas lauter: „ABRAKADABRA!“

Es geschah immer noch nichts.

„Kelly!“, rief ihr Vater aus dem Haus. „Es ist Schlafenszeit!“

Kelly seufzte. Selbst der größte Zauber konnte nicht verhindern, dass sie ins Bett gehen musste!

Der Zauberlehrling

Ein Junge namens Franz wurde einst der Lehrling eines Zauberers. Er war ganz versessen darauf, zaubern zu lernen. Doch jeden Tag gab der Zauberer ihm bloß eine lange Liste von Dingen, die er in der Burg tun sollte – putzen, aufräumen und dergleichen mehr. Dann ging der Zauberer in seine Werkstatt in der Burg oder reiste zu einem der umgebenden Dörfer. Franz wusste, dass der Zauberer ein Buch mit magischen Zaubersprüchen in seiner Werkstatt unter Verschluss hielt, und er wünschte sich, selbst auch einmal das Buch anschauen zu können.

Als der Zauberer wieder verreisen wollte, rief er nach Franz. „Junge, schrubb den Boden des Rittersaals“, sagte er. „Du musst dazu mit dem Eimer Wasser aus dem Brunnen holen und es zu dem großen Steinbecken im Saal tragen. Wenn das Becken voll mit Wasser ist, nimm den Besen und wisch gründlich den Boden.“

Kaum war der Zauberer fort, holte Franz das Zauberbuch. Er blätterte darin und sah plötzlich eine Formel, die jedes Ding lebendig machen konnte. „Der Besen kann den Boden selbstständig putzen!“, dachte er bei sich und sprach langsam die Worte der Zauberformel.

Plötzlich wuchsen aus dem Besen kleine Arme. Er sprang vom Boden auf, marschierte mit dem Eimer zum Brunnen und füllte Wasser in das Becken im Saal. Nach einer Weile lief das Becken über, und das Wasser floss über den ganzen Boden. „Stopp!“, rief Franz. Doch der Besen holte weiter Wasser. In Panik nahm Franz eine Axt und hackte den Besen in kleine Stücke. Aber den kleinen Besenstücken wuchsen auch Arme. Schon bald gab es eine ganze Armee neuer Besen, die immer neues Wasser holten. Bald reichte das Wasser Franz bis zu den Knien.

Da kam der Zauberer zurück. Er hob die Arme und sprach eine Zauberformel. Sofort verschwanden alle Besen und das Wasser auch. „Du musst noch viel lernen”, sagte der Zauberer. „ Ich verspreche, hart zu arbeiten“, sagte Franz erleichtert. „Nun“, sagte der Zauberer, „du kannst damit anfangen, diesen Boden zu schrubben – auf die altmodische Art!“

Das große Rennen

Lukas, der Rennwagen, fuhr jeden Morgen die Zugschienen entlang und sah jedes Mal Meggy, die Dampflok. „Biep, biep, ich bin schneller als du!“, rief er jeden Morgen.

„Tschuu, tschuu! Bist du nicht!“, antwortete Meggy jedes Mal.

Eines Morgens sagte Meggy: „Ich habe genug von dem frechen Wagen, der denkt, er sei schneller als ich.“ Als sie Lukas das nächste Mal sah, rief sie: „Ich fordere dich zu einem Rennen heraus! Wer zuerst an der nächsten Haltestelle ist, hat gewonnen.“

„Bin dabei!“, kicherte Lukas und ließ seine Scheibenwischer hin und her schnellen. „Aber ich warne dich, ich werde gewinnen.“

„Abwarten!“, grinste Meggy. „Auf die Plätze, fertig, los!“

Meggy stieß einen Pfiff aus und raste in einen Tunnel. Lukas fuhr mit quietschenden Reifen um eine Kurve und zischte unter einer Brücke hervor. Was für ein Start!

Meggy schoss die Schienen entlang. Doch als das Signal umsprang, musste sie anhalten und einen anderen Zug durchlassen. Lukas sauste die Straße neben den Schienen entlang. „Bis später, du lahme Schnecke!“, höhnte er. Als das Signal umsprang, kam Meggy wieder in Fahrt und puffte und hechelte.

Da sah sie, dass Lukas vor ihr in einem Stau steckte.

„Oh!“, sagte sie. „Ich hole auf!“

Lukas schlängelte sich durch die Stadt, und Meggy ratterte die Schienen entlang. Sie lagen Kopf an Kopf, wer würde gewinnen? Schließlich fuhr Meggy in den Bahnhof ein … gerade als Lukas auf den Vorplatz schlidderte. Es war unentschieden.

„Das hat Spaß gemacht“, lachte Meggy. „Aber wir wissen immer noch nicht, wer schneller ist!“

Da hörten sie ein Tosen über sich. „Ich bin schneller als ihr beide zusammen!“, rief Olivia, das Flugzeug, aus den Wolken heraus. „Wie wär's mit einem Rennen?“

Der Froschkönig

Es war einmal eine Prinzessin, die lebte mit ihrem Vater in einem Palast inmitten eines dichten Waldes. Wenn es sehr heiß war, wandelte die Prinzessin im schattigen Wald und saß an einem Teich. Dort spielte sie mit ihrem Lieblingsspielzeug, einer goldenen Kugel. Immer wieder warf sie die Kugel in die Luft und fing sie wieder auf.

Eines Tages rutschte ihr die Kugel aus der Hand und fiel mit einem PLATSCH in den Teich! Der Teich war so tief, dass sie nicht bis auf den Grund sehen konnte. „Meine schöne goldene Kugel!“, schluchzte die Prinzessin. Da streckte ein hässlicher, gefleckter Frosch den Kopf aus dem Wasser. „Warum weinst du?“, fragte er. „Meine kostbare goldene Kugel ist ins Wasser gefallen“, klagte sie.

„Was gibst du mir, wenn ich sie dir zurückhole?“, fragte der Frosch. „Du kannst meine Edelsteine haben“, schluchzte die Prinzessin. „Ich brauche keines dieser Dinge“, sagte der Frosch. „Aber wenn du versprichst, für mich zu sorgen, meine Freundin zu sein, dein Essen mit mir zu teilen und mich auf deinem Kissen schlafen zu lassen, dann will ich dir die Kugel wiederbringen.“

„Ich verspreche es“, sagte die Prinzessin. Als der Frosch in das trübe Wasser hinabtauchte, dachte sie: „Er ist bloß ein dummer, alter Frosch. Ich werde keines dieser Dinge tun müssen.“ Als der Frosch mit der Kugel wieder auftauchte, riss sie ihm diese aus der Hand und rannte zurück zum Schloss.

Am Abend klopfte es an der Schlosstür. Als die Prinzessin die Tür öffnete, erschrak sie: Da saß in einer Wasserpfütze der gefleckte Frosch! Sie schlug die Tür zu. „Wer war das?“, fragte der König. „Oh, nur ein Frosch“, antwortete die Prinzessin. „Was will denn ein Frosch von dir?“, fragte der erstaunte König. Die Prinzessin erzählte ihrem Vater, was sie dem Frosch versprochen

hatte. „Prinzessinnen halten immer ihre Versprechen“, sagte ihr Vater. „Bitte den Frosch herein und heiße ihn willkommen!“

Sobald der Frosch durch die Tür gehüpft war, bat er auch schon darum, auf den Teller der Prinzessin gehoben zu werden, damit sie ihr Essen mit ihm teilen konnte. Als der Frosch das angeekelte Gesicht der Prinzessin sah, sang er:

„Prinzessin, Prinzessin, teil mit mir dein Essen!
Du hast es versprochen, hast du's schon vergessen?“

Dem König gefiel es nicht, dass seine Tochter sich so garstig benahm. „Dieser Frosch hat dir geholfen“, sagte er. „Du hast ihm etwas versprochen, und das musst du nun halten.“

Etwas später gähnte der Frosch und reckte sich. „Ich bin müde“, sagte er. „Nimm mich mit in dein Zimmer und lass mich auf deinem seidenen Kissen schlafen.“ Die Prinzessin war entsetzt. „Nein!“, sagte sie. „Geh zurück in deinen Teich, du schleimiges Wesen, und lass mich in Ruhe!“ Der geduldige Frosch aber sang:

„Prinzessin, Prinzessin, teil mit mir dein Kissen!
Du hast es versprochen, das musst du doch wissen!“

Die Prinzessin hatte keine Wahl: Sie nahm ihn mit in ihr Zimmer und setzte ihn in einer Ecke auf den Boden statt auf ihr Kissen. Dann stieg sie in ihr Bett und schlief ein. Nach einer Weile sprang der Frosch aufs Bett. „Auf dem Boden zieht es! Lass mich auf deinem Kissen schlafen, wie du es versprochen hast!“, sagte er. Die schläfrige Prinzessin wurde noch ärgerlicher als zuvor. Sie nahm den Frosch und warf ihn quer durchs Zimmer. Als sie den Frosch so still auf dem Boden liegen sah, war sie plötzlich von Mitleid erfüllt.

„Oh, du armer Liebling!“, rief sie, hob den Frosch hoch und gab ihm einen Kuss. Da verwandelte sich der Frosch in einen hübschen jungen Prinzen. „Süße Prinzessin“, rief er. „Ich war verhext, und dein zarter Kuss hat den Bann gebrochen!“

Der Prinz und die Prinzessin verliebten sich ineinander und heirateten bald darauf. Sie spazierten oft zusammen durch den schattigen Wald, saßen am Teich und warfen die goldene Kugel hin und her. Dabei lächelten sie beim Gedanken an ihre erste Begegnung.

Ein alter Mann in Peru

Ein alter Mann in Peru
Träumte, er aß seinen Schuh.
Er wachte auf vor Schreck,
Tatsächlich – der Schuh war weg.

Wie weit ist es nach Babylon?

Wie weit ist es nach Babylon?
Wohl einige Stunden von hier.
Ich eile, doch es dunkelt schon.
Hab nur eine Kerze bei mir.
Lauf und gib Acht auf den Kerzenschein,
Dann wirst du bald in Babylon sein.

Katzenchor

Wir treffen uns nachts
Auf der Mauer im Garten.
Dort kannst du uns hören,
Hast du Glück und kannst warten.
Sandy singt den hohen Sopran,
Tom gibt den tiefen Bass.
Fleckie hält den Bariton,
Auf Berts Rhythmus ist Verlass:
Mit Miau und Mio, Gejaul und Hallo
Macht der Katzenchor alle Schlafenden froh!

Früchte, Eis und Honig

Woraus sind kleine Mädchen gemacht?
Aus Früchten, Eis und Honig,
Dazu duftende Gewürze,
Und zwar nicht wenig.
Daraus sind kleine Mädchen gemacht!

Daniel, gib Acht!

Daniel, gib Acht,
Sonst spürst du den Schmerz.
Sei geschwind und bleib wach
Und hüpf über die Kerz.

Fledermaus

Fledermaus, Fledermaus,
Bist ja keine echte Maus,
Schläfst falsch herum,
Das ist doch dumm!

Drei kleine Eulen

Drei kleine Eulen saßen einst im Baum
Und hatten alle einen Traum.

Sie flögen über höchste Wipfel
Bis hinauf zum großen Gipfel
In einen Wald mit Artgenossen,
In dem die Jäger nie geschossen.

Dort blieben sie, bis sie bei Nacht
Vom Mondlicht alle aufgewacht.

Das allerschönste Osterei von allen

An einem warmen Frühlingstag schnupperte ein kleiner grauer Hase im hohen Gras die frische Luft. Es war Ostern: Zeit, Ostereier zu suchen. Mama Hase sagte: „Dieses Jahr sind ganz viele Eier versteckt. Es gibt gestreifte Eier und gepunktete Eier, himmelblaue Eier, rosafarbene Eier und Eier, so gelb wie Butterblumen!"

„Ich möchte ein ganz besonderes Ei", sagte der kleine Hase. Dann hoppelte er davon, um dieses besondere Ei zu finden.

Auf dem Bauernhof hüpfte ein Küken um einen Heuhaufen herum. „Bitte hilf mir, kleiner Hase", tschilpte es. „Ich komme nicht an das Ei heran." Der kleine Hase sprang mit einem Satz auf den Heuhaufen. Ganz oben lag ein himmelblaues Osterei. „Ich habe nicht viel, aber ich kann dir zum Dank ein paar Federn

geben“, sagte das Küken. Der kleine Hase legte die Federn in sein Körbchen und hoppelte davon.

Auf der Wiese hatte der Schmetterling ein winziges Ei gefunden. Es war so gelb wie eine Butterblume. Das Gras raschelte im Wind, und die Luft war voller Bienen. Der kleine Hase hoppelte fröhlich umher. Er folgte einer summenden Biene, knabberte an einem grüngelben Blatt und pflückte einen Strauß Frühlingsblumen.

„Ach“, dachte der kleine Hase, „ich habe ja fast vergessen, dass ich ein Ei finden will.“ Dann hoppelte er davon. Auf dem Hügel rannten und sprangen die Lämmer herum.

Der kleine Hase suchte in den Bäumen … und in den Büschen. Er fand ein Büschel Schafswolle an den Dornensträuchern, aber kein einziges Ei. Im Wald hörte der kleine Hase ein Piepsen. „Ich bekomme dieses Ei nicht aus der Erde heraus!“, jammerte die Maus.

„Ich helfe dir“, sagte der kleine Hase. „Ich kann gut buddeln.“

KRATZ, SCHAB, GRAB, BUDDEL!

„Toll!“, staunte die Maus und sah am Ei hinunter. „Das ist ja größer als unser Mauseloch!“ Als Dankeschön schenkte die Maus dem Hasen ein Büschel duftender Gräser. Der kleine Hase ließ die Ohren hängen. „Die Maus hat ein ganz besonderes Ei gefunden“, seufzte er. „Und ich noch gar keins.“

Der kleine Hase hatte keine Lust mehr herumzuhoppeln. Er setzte sich neben den Ententeich. Doch da, am Teichrand, war ein Ei! Aber es war weder groß noch gepunktet, gestreift, rosa, himmelblau oder buttergelb. Es war klein und schlicht und weiß.

„Das sieht nicht nach einem besonderen Ei aus“, dachte der kleine Hase. Er berührte das Ei mit der Pfote. „Oh“, flüsterte er, „es ist ganz warm!“ Ein kalter Wind kam auf. Der kleine Hase fror. „Keine Sorge, kleines Ei“, sagte er, „ich halte dich warm.“

Der kleine Hase leerte sein Körbchen aus. Er nahm die Gräser und die Blumen und flocht sie zu einem Nest. Das Nest legte er mit der warmen Schafswolle und den weichen Federn aus. Dann legte er das Ei ins Nest. Nach diesem langen Tag war er sehr müde und schlief schon bald neben dem Nest ein.

Piep! Piep! Was war das für ein Geräusch?

Piep! Piep! Es kam aus dem Inneren des Eis.

Das Ei wackelte im Nest hin und her und machte dabei die ganze Zeit Piep! Piep! Piep! Endlich, KNACK, kam ein Schnabel hervor. Und KNACK … ein Küken!

Quak! Quak! Eine Ente kam ans Ufer geschwommen. „Oh, da ist ja mein Ei!“, sagte sie. „Ich suche schon den ganzen Tag danach.“ Der kleine Hase lächelte.

„Ich bin froh, dass ich dieses Ei gefunden habe“, sagte er. „Das ist das allerschönste Osterei von allen.“

Das große Schiff

Das große Schiff segelt, heja, heja, ho,
Heja, heja, ho, heja, heja, ho,
Das große Schiff segelt, heja, heja, ho,
An den letzten Tagen im September.

Der Käpt'n sagt, das Schiff geht unter,
Das Schiff geht unter, das Schiff geht unter,
Der Käpt'n sagt, das Schiff geht unter,
An den letzten Tagen im September.

Das Schiff sinkt auf den Meeresgrund,
Den Meeresgrund, den Meeresgrund,
Das Schiff sinkt auf den Meeresgrund,
An den letzten Tagen im September.

Wir tauchen die Hände ins blaue Meer,
Ins blaue Meer, ins blaue Meer,
Wir tauchen die Hände ins blaue Meer,
An den letzten Tagen im September.

Kleiner Matrose

Hey, mein Admiral, draußen auf dem Meer,
Der Abschied von dir fiel mir so schwer.
Komm zurück, bring mir das Glück –
Und verlass mich nimmermehr!

Ein Mann in einem Boot

Ein Mann in einem Boot, Boot, Boot,
Geriet auf See in Not, Not, Not.
Er sah beinah schon rot, rot, rot,
Da aß er schnell sein Brot, Brot, Brot.
Gekräftigt rief er: „Zapperlot! – Ich bin doch kein Idiot!"

Fischers Fritze

Fischers Fritze fischt frische Fische;
Frische Fische fischt Fischers Fritze.

(Dieser Reim ist ein Zungenbrecher. Sag ihn so schnell, wie Du kannst.)

Drei kleine Schweinchen

Es waren einmal drei kleine Schweinchen, die machten sich eines Tages auf in die Ferne. Nach einer Weile trafen sie einen Mann, der trug einige Strohbündel. „Ich baue mir ein Haus aus Stroh", sagte das erste Schweinchen.

Die zwei anderen Schweinchen gingen weiter. Nach kurzer Zeit trafen sie einen Bauern, der stapelte Holz. „Ich baue mein Haus aus Holz", sagte das zweite Schweinchen.

Das dritte Schweinchen ging nun allein weiter die Straße entlang, bis es einem Mann begegnete, der eine Karre mit Ziegelsteinen zog. „Ich baue ein stabiles Haus aus Ziegelsteinen", rief das dritte Schweinchen, das sehr schlau war.

Am nächsten Morgen saß das erste Schweinchen gerade in seinem Strohhaus, als der Wolf vorbeikam. „Schweinchen, Schweinchen, lass mich rein", jaulte der Wolf.

„Niemals, nein-nein-nein", antwortete das vor Angst schlotternde Schweinchen. Mit nur einmal Luftholen pustete der Wolf das Strohhaus um. „Hilfe!", quiekte das Schweinchen und rannte, so schnell es konnte, zum Holzhaus seines Bruders.

Es dauerte nicht lang, da kam der Wolf beim Holzhaus an. Als die zwei kleinen Schweinchen ihn sahen, verriegelten sie die Tür. „Schweinchen, Schweinchen, lasst mich rein", rief der Wolf. „Niemals, nein-nein-nein", antworteten die Schweinchen.

Da pustete er auch das Holzhaus um. „Hilfe!“, jammerten die beiden Schweinchen. Dann rannten sie laut quiekend die Straße hinunter zum Steinhaus ihres Bruders. Schnell öffnete es die Tür, um seine Geschwister einzulassen. Der Wolf war ihnen schon auf den Fersen.

„Schweinchen, Schweinchen, lasst mich rein“, knurrte der Wolf. „Niemals, niemals, nein-nein-nein“, antworteten die drei. Da Pusten nicht half, raste der Wolf vor Wut. „Ich komme durch den Schornstein!“, schrie er. Aber das dritte Schweinchen hatte schon den Wasserkessel über das Feuer gesetzt. Der Wolf rutschte den Schornstein hinunter und landete im kochend heißen Wasser. „Auaaa!“, jaulte er und sprang aus dem Kessel. Dann rannte er auf und davon und ward nie mehr gesehen.

Kleiner Hirtenjunge

Kleiner Hirtenjunge, ruf geschwind
Deine Tiere zusammen, eh sie verloren sind.
Kleiner Hirtenjunge liegt tief im Schlaf,
Vergisst seine Kuh und auch sein Schaf.
Willst du ihn nicht wecken? –
Ich? Bloß nicht – nein!
Er kriegt sonst einen Schrecken
Und fängt laut an zu schrei'n.

Ein Hund namens Ringo

Ein Hund namens Ringo,
Der spielte Bingo.
Bingo spielte der Hund,
Doch es wurde ihm zu bunt.

Auf der Walz

Auf, du junger Wandersmann!
Jetzo kommt die Zeit heran –
Die Wanderzeit, die gibt uns Freud.
Woll'n uns auf die Fahrt begeben,
Das ist unser schönstes Leben,
Große Wasser, Berg und Tal
Anzuschauen überall.

König, was machst du?

König, was machst du?
Schläfst du oder wachst du?
Was machen deine Gäste?
„Sie feiern mit mir Feste!“

Unsere Nachbarin

Unsere Nachbarin, Frau Gänseklein,
Die wollte mal gen Süden fliegen,
Drum hat sie, als der Winter kam,
Einfach eine Gans bestiegen.

Kock-e-diedel-du!

Kock-e-diedel-du!
Meine Dame verlor ihren Schuh,
Mein Meister verlor
Seinen Geigenbogen.
Da bin ich gleich davongeflogen.

Die alte Frau und die fette Henne

Eine alte Frau hielt eine Henne, die ihr jeden Morgen ein Ei legte. Die Eier waren groß und köstlich, und die alte Frau konnte sie für einen guten Preis auf dem Markt verkaufen.

„Würde meine Henne jeden Tag zwei Eier legen", dachte sie bei sich, „könnte ich zweimal so viel Geld verdienen!"

So gab die alte Frau der Henne nicht nur eine Schale Körner am Morgen, sondern auch eine Schale Körner am Abend, damit sie ihr jeden Tag zwei Eier legen konnte.

Da freute sich die Henne sehr und fraß alle Körner begierig auf.

Jeden Tag, wenn die alte Frau in den Stall ging, erwartete sie, nun zwei Eier zu finden, aber es war immer noch nur eins. All das Futter hatte die Henne fett und zufrieden gemacht. Sie war faul geworden, und eines Tages legte sie gar keine Eier mehr!

Und die Moral von der Geschichte? Es läuft nicht immer alles wie geplant.

Der Mäuserat

Es war einmal eine große Mäusefamilie, die in einem alten Haus wohnte. Alles wäre in Ordnung gewesen – wenn da nicht die Katze gewesen wäre. Immer wenn die Mäuse in die Küche schlichen, um ein paar Krümel zu knabbern, sprang die Katze auf und jagte sie unter die Dielen.

„Wenn wir nicht bald etwas tun, werden wir am Ende noch verhungern“, sagte Großvater Maus.

Die Mäuse wussten nicht mehr ein noch aus. Schließlich hatte die jüngste Maus einen Einfall.

„Wir könnten der Katze eine Glocke umhängen, sodass wir sie kommen hören“, schlug die Maus vor.

Die Mäuse hielten das für eine ausgezeichnete Idee.

Dann stand Großvater Maus auf. „Du bist ein schlaues Kerlchen“, sagte er. „Aber sag mal, wer soll denn so mutig sein und der Katze ein Halsband umlegen?“

Und die Moral von der Geschichte? Manchmal ist es gar nicht so schwer, eine gute Idee zu haben. Aber es kann sehr schwer sein, eine Idee in die Tat umzusetzen.

Hänsel und Gretel

Es waren einmal zwei Kinder, die hießen Hänsel und Gretel. Sie lebten mit Vater und Stiefmutter in einem kleinen Haus am Waldesrand. Der Vater war ein sehr armer Holzfäller.

Eines Tages war fast gar kein Essen mehr da. Hänsel und Gretel gingen hungrig ins Bett und hörten, wie ihre Eltern sich unterhielten. „Hier sind einfach zu viele Mäuler zu füttern!“, sagte die Stiefmutter. „Wir müssen die Kinder tief in den Wald bringen und dort lassen.“

„Niemals!“, protestierte der Vater.

Früh am nächsten Morgen scheuchte die Stiefmutter Hänsel und Gretel aus ihren Betten. „Kommt, Kinder. Wir gehen in den Wald, um Holz zu schlagen“, sagte sie und gab jedem ein Stück Brot. Als sie so gingen, ließ Hänsel nach und nach Brotkrumen auf den Weg fallen. Als sie die Mitte des Waldes erreichten, sagte der Holzfäller: „Wartet hier. Wir sind bis Sonnenuntergang zurück.“

Hänsel und Gretel warteten den ganzen Tag, doch Vater und Stiefmutter kamen nicht zurück. Bald wurde es zwischen den dicht stehenden Bäumen dunkel. Gretel bekam Angst.

„Wir werden den Weg nach Hause finden“, beruhigte Hänsel seine Schwester. „Wir folgen den Brotkrumen auf dem Weg. Sie werden uns heimführen.“ Doch als der Mond aufging, konnten Hänsel und Gretel keine Brotkrumen sehen. „Die Vögel müssen sie alle aufgepickt haben!“, flüsterte Hänsel. Ängstlich und hungrig legten sich Hänsel und Gretel unter einen Baum und warteten bang auf das Ende der Nacht.

Am nächsten Morgen wanderten sie durch den Wald und fanden ein Häuschen, das aus Lebkuchen und Süßigkeiten gebaut war. Die Kinder waren so hungrig, dass sie einige Süßigkeiten von den Wänden des Hauses abrissen. Da ging die Tür auf, und eine alte Frau humpelte heraus. „Kommt herein, Kinder“, sagte sie lächelnd. „Ich habe hier drin noch viel mehr zu essen!“ Nach einem köstlichen Mahl

zeigte sie ihnen zwei kleine Bettchen, und sie legten sich schlafen. Die Kinder wussten nicht, dass die alte Frau in Wirklichkeit eine böse Hexe war, die gerne Kinder aß!

Als Hänsel und Gretel aufwachten, packte die Hexe Hänsel und sperrte ihn in einen Käfig. Gretel musste große Mengen Essen kochen, mit denen Hänsel gemästet werden sollte.

Die Wochen vergingen. Jeden Morgen ging die Hexe zum Käfig. „Steck deinen Finger heraus, Junge! Ich will fühlen, ob du schon fett genug zum Verspeisen bist!“ Hänsel, der ein schlauer Junge war, steckte dann einen alten Hühnerknochen hinaus. Die Hexe konnte so schlecht sehen, dass sie den Knochen für Hänsels Finger hielt. Sie fragte sich, warum der Junge gar nicht dicker wurde.

Eines Tages wurde die Hexe ungeduldig und wollte nicht länger warten. Sie packte Gretels Arm: „Geh und schau, ob der Ofen schon heiß genug ist.“ Und sie schubste Gretel grob zur offenen Ofentür. Grinsend leckte sie sich die Lippen. Sie wollte auch Gretel verspeisen und konnte ihr köstliches Mahl kaum abwarten!

Gretel ahnte, was die Hexe vorhatte. „Ich bin zu groß, ich passe dort nicht hinein!“, sagte sie.

„Oh, du dummes Mädchen“, kicherte die Hexe. „Sogar ich passe da hinein!“ Und sie steckte ihren Kopf in den Ofen, um zu zeigen, dass sie recht hatte. Da gab Gretel ihr einen Schubs, und die Hexe verschwand im Ofen. Schnell schlug Gretel die Ofentür zu. „Hänsel, die Hexe ist tot!“, rief Gretel und befreite Hänsel aus seinem Käfig.

Als Hänsel und Gretel aus dem Haus traten, sahen sie, dass es voller glitzernder Juwelen und Goldmünzen war! Die Kinder stopften ihre Taschen voll und gingen nach Hause.

Ihr Vater war sehr glücklich, sie wiederzusehen. Er erzählte ihnen, dass ihre Stiefmutter gestorben war, während sie fort gewesen waren, und dass sie sich nicht mehr fürchten mussten. Hänsel und Gretel zeigten ihrem Vater die Juwelen und Münzen. Nun würden sie nicht länger arm sein! Und von da an mussten der Holzfäller und seine Kinder nie wieder Hunger leiden.

Zwei Tauben

Zwei Tauben wohnten einst bei mir,
Grau mit einem Ringel,
Und an den Füßchen trugen sie
Zur Zeichnung einen Kringel.

Das Murmeltier

Kann das Murmeltier den Schatten sehn
Will der Winter noch nicht gehn.
Stellt der Schatten sich nicht ein,
Bricht der Frühling bald herein.

Kleines weißes Entchen

Zwischen vielen gelben Entchen
Schwimmt ein weißes auch umher;
Die Enten wundern sich darüber sehr.
Doch das kleine weiße Entchen
Ist immer noch ganz unbeschwert –
Daran ist auch nichts verkehrt.

Elster

Die Elster auf dem Zweige hupft,
Wipp, wipp!
Hat sich ein Beerlein abgezupft,
Knipp, knipp!

Wenn ich ein Vöglein wär

Wenn ich ein Vöglein wär
Und auch zwei Flüglein hätt,
Flög ich zu dir.
Weil's aber nicht kann sein,
Bleib ich allhier.

Alle meine Entchen

Alle meine Entchen
Schwimmen auf dem See,
Köpfchen in das Wasser,
Schwänzchen in die Höh'.

Die Mondschein-Zahnfee

Funkeline war eine Zahnfee. Jeden Abend flog sie von Haus zu Haus und sammelte die Milchzähne ein, die die Kinder unter dem Kopfkissen aufbewahrten. Und jedes Mal, wenn sie einen Zahn fand, hinterließ sie an seiner Stelle eine funkelnde Münze. Denn Funkeline wollte Kinder glücklich machen. Aber Funkeline war einsam und hätte so gern eine Freundin gehabt.

Eines Abends kam Funkeline zu Alina. Sie flog durchs offene Fenster und schlich auf Zehenspitzen zu Alinas Kopfkissen. Auf einmal bemerkte sie ein vom Mond erleuchtetes Feengesicht! Überall sah sie Bilder von Feen und Feen-Spielzeuge. Sie staunte so sehr, dass sie nicht darauf achtete, wohin sie flog … Autsch! Funkeline stieß gegen eins der Bücher und ließ dabei die Münze fallen. Die Geräusche weckten Alina auf. Alina entdeckte Funkeline und staunte mit offenem Mund.

„Oh weh“, dachte Funkeline. „Jetzt hab ich das Gesetz der Zahnfeen gebrochen!“

Da Funkeline nun einmal entdeckt worden war, flog sie aus ihrem Versteck hinüber zum Bett. „Tut mir leid, Alina“,

flüsterte sie. „Ich habe deine Münze verloren.“ Sie sah, dass Alina ihre Flügel bewunderte, und hatte plötzlich eine Idee. „Möchtest du dir anstelle der Münze etwas wünschen?“, fragte sie. Alinas Augen funkelten vor Begeisterung. „Oh ja – bitte! Ich möchte eine Fee sein – so wie du! “, sagte sie. Daraufhin verzauberte Funkeline das Zimmer. Alina merkte, wie sie plötzlich immer kleiner wurde. „Sieh mal!“, rief sie. „Ich bekomme Flügel! Bringst du mir bei, wie man fliegt?“, fragte sie. „Nichts leichter als das!“, erwiderte Funkeline. „Komm, gib mir deine Hand!“ Dann zog sie Alina mit hinaus in den vom Mond erleuchteten Garten.

„Und es macht viel mehr Spaß zu zweit“, rief Funkeline glücklich und lachte. Endlich hatte auch sie eine Freundin!

Doch bald wurde es Zeit für Alina, wieder ein kleines Mädchen zu werden. „Danke, dass du meinen Wunsch erfüllt hast“, sagte sie zu Funkeline. „Auch du hast meinen Wunsch erfüllt“, erwiderte die Zahnfee.

„Komm bald wieder!“, rief Alina ihr noch hinterher und gähnte. Das versprach Funkeline.

Freche kleine Hasen

Es waren einmal drei freche kleine Hasen, die mit ihrer Mama in einem gemütlichen Hügelbau lebten.

Eines Tages sagte die Mama: „Ihr werdet immer größer! Helft mir, die Schlafkammer zu vergrößern.“

Aber die drei frechen kleinen Hasen wollten ihrer Mama nicht helfen. „Wir wollen draußen spielen!“, riefen sie, hüpften auf den Rasen und ließen die Mama allein.

„Wenn nur jemand zum Spielen da wäre“, sagte der erste kleine Hase und sah sich um.

„Warum spielt ihr nicht mit mir?“, fragte das Eichhörnchen. „Macht mir einfach alles nach, und wir haben ganz viel Spaß!“ Und schon sprang es auf einen Baum und begann, die frechen kleinen Hasen mit Eicheln zu bewerfen.

„Aua!“, weinten die kleinen Hasen und rannten davon.

„Wenn ich nur etwas zu essen hätte“, sagte der zweite kleine Hase.

„Warum isst du nicht mit mir zu Mittag?“, quakte ein kleiner Frosch. „Macht mir einfach nur alles nach. Schließt eure Augen und streckt eure Zungen heraus. Schon fangt ihr eine leckere Fliege.“

„Igitt! Wir essen keine Fliegen“, stammelten die kleinen Hasen, zogen ihre Zungen wieder ein und hoppelten davon.

„Wenn wir nur ein gemütliches Nickerchen machen könnten“, sagte der dritte kleine Hase, der vom vielen Hoppeln ganz müde geworden war. Aber noch bevor sie sich einkuscheln konnten, begann es zu regnen. Die kleinen Hasen mochten den Regen nicht und liefen schnell nach Hause.

„Mama, es tut uns so leid!“, riefen die kleinen Hasen, als ihre Mama sie ganz fest drückte. „Können wir dir jetzt bei der Arbeit helfen?“

„Heute nicht mehr“, sagte ihre Mama. „Kommt, esst euer Gemüse und versprecht mir, dass ihr nicht wieder davonlauft.“ Die hungrigen, müden Hasen aßen ihr Gemüse. Dann kuschelten sie sich in ihre Schlafkammer. Und ratet mal, was geschehen war! Jemand hatte die Kammer vergrößert. Was glaubt ihr wohl, wer das getan hat?

Fünf kleine Affen

Fünf kleine Affen, die tobten auf dem Bett;
Einer fiel herunter und stieß sich am Brett.
Mutter rief den Doktor an. Der Doktor sprach:
Welch ein Glück, dass niemand sich die Beine brach!

Vier kleine Affen, die tobten auf dem Bett;
Einer fiel herunter und stieß sich am Brett.
Mutter rief den Doktor an. Der Doktor sprach:
Welch ein Glück, dass niemand sich die Beine brach!

(Wiederhole den Reim und nenne dabei jedes Mal einen Affen weniger.)

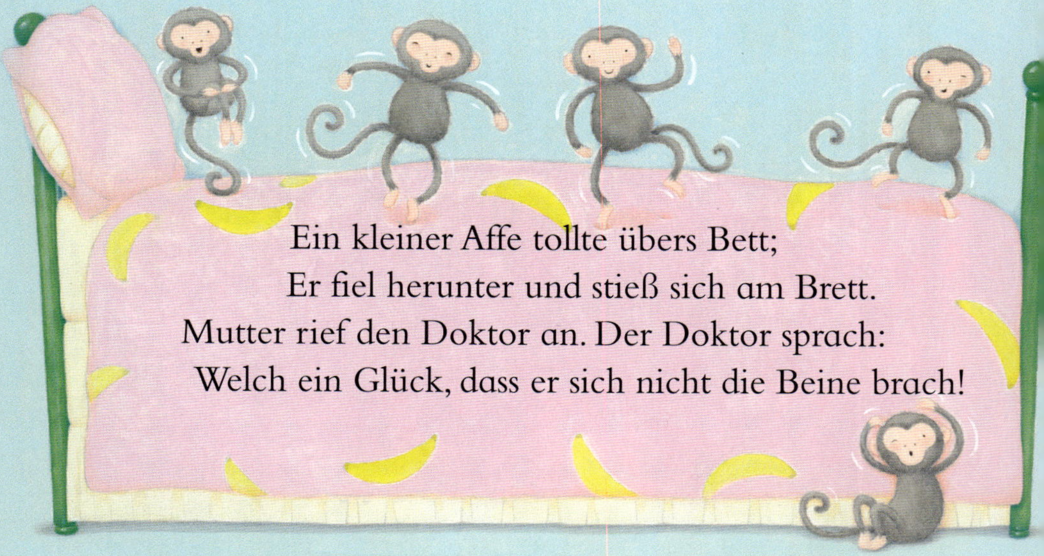

Ein kleiner Affe tollte übers Bett;
Er fiel herunter und stieß sich am Brett.
Mutter rief den Doktor an. Der Doktor sprach:
Welch ein Glück, dass er sich nicht die Beine brach!

Wer lebt da im Loch?

Wer lebt da im Loch,
In der Wand, hier im Haus?
Kannst du es erraten?
Es ist eine Maus!

Das kleine Kätzchen

Ein kleines Kätzchen steht vor der Tür,
Miau, miau, komm lass mich zu dir.

Backe, backe Kuchen

Backe, backe Kuchen,
Der Bäcker hat gerufen.
Wer will süße Küchlein backen,
Der muss haben sieben Sachen:
Eier und Salz, Zucker und Schmalz,
Butter und Mehl –
Safran macht die Küchlein gel!

Bist du einmal fröhlich

Bist du einmal richtig fröhlich,
Klatsch in die Hände!
Bist du einmal richtig fröhlich,
Klatsch in die Hände!
Bist du einmal richtig fröhlich
Und du zeigst es jedem ehrlich,
Dann klatsch in die Hände!

Bist du einmal richtig fröhlich,
Nick mit dem Kopf! ...

Bist du einmal richtig fröhlich,
Stampf mit den Füßen! ...

Bist du einmal richtig fröhlich,
Sing laut: „La, la, la!“ ...

Bist du einmal richtig fröhlich,
Mach alles auf einmal! ...

*(Ergänze die Reime selbst
wie in der ersten Strophe.)*

Teddybär, Teddybär

Teddybär, Teddybär –
Dreh dich um.
Teddybär, Teddybär –
Mach dich krumm.
Teddybär, Teddybär –
Heb ein Bein.
Teddybär, Teddybär –
Das war fein!

Ein kleines Mädchen

Ein kleines Mädchen,
Den Kopf voll süßer Löckchen,
Gab ein gar liebliches Bild.
Wenn es lieb war, war es zart und anschmiegsam.
Doch wenn es bös war, war es fuchsteufelswild.

Im Frühtau zu Berge

Im Frühtau zu Berge wir zieh'n, fallera,
Grün schimmern die Wälder
Auf den Höh'n, fallera.
Wir wandern ohne Sorgen singend in den Morgen,
Noch ehe im Tale die Hähne kräh'n.

Der Löwe und die Maus

Eines Tages, als der Löwe tief schlafend in seiner Höhle lag, lief ihm etwas über das Gesicht. Müde öffnete er ein Auge und war erstaunt, direkt vor seiner Nase eine kleine Maus zu sehen. Wie der Blitz schoss seine Pranke vor und packte die Maus.

„Wie kannst du es wagen, dem König der Tiere über das Gesicht zu laufen?“, brüllte der Löwe. „Dafür sollst du mit deinem Leben bezahlen!“

Er öffnete sein riesiges Maul und wollte die Maus schon verschlingen, als er sie quieken hörte.

„Bitte, fresst mich nicht, Majestät“, flehte die Maus. „Wenn Ihr mir verzeiht und mich gehen lasst, werde ich mich für Eure Güte eines Tages revanchieren.“

Der Löwe musste bei dem Gedanken lachen, dass ein so kleines und unwichtiges Tier wie eine Maus jemals etwas für den König der Tiere tun könnte.

„Du willst etwas für mich tun?“, lachte er. „Wie denn das?“ Aber weil der Löwe gerade ein üppiges Mahl genossen hatte und das Angebot der Maus so lustig fand, ließ er sie laufen.

Einige Zeit später schlich der Löwe gerade einem Zebra hinterher, als er sich in einem Netz verfing, das Jäger ausgelegt hatten. Er versuchte, sich daraus zu befreien, aber je mehr er sich bemühte, desto stärker verfing er sich in dem Netz.

Bald war er so erschöpft, dass er sich nicht mehr rühren konnte, geschweige denn um Hilfe rufen.

Der Löwe hatte schon fast jede Hoffnung aufgegeben, als die kleine Maus vorbeikam.

„Lass mich dir helfen“, quiekte die Maus, kletterte auf die Schulter des Löwen und begann, mit ihren scharfen Zähnen das Netz durchzunagen. Bald hatte sie die meisten Knoten durchtrennt, und der Löwe konnte sich aus dem Netz winden.

Bevor er davonlief, dankte der Löwe der kleinen Maus.

„Ich bin dir ewig dankbar, kleine Freundin“, sagte er. „Du hast mir eine wichtige Lehre erteilt: Keine gute Tat ist vergeblich, mag sie auch noch so klein sein.“

Die Eule ruft

Wenn überm Wald die Sterne funkeln,
Die Kobolde im Dunkeln munkeln,
Ruft Eule Schuhu:
Uhuh, uhuh!

Schmetterling, Schmetterling

„Schmetterling, Schmetterling,
Wo willst du nur hin?“
„Wo die Sonne scheint
Und ich glücklich bin!“

Herr Marienkäfer

Hallo, Herr Marienkäfer,
Du bist ein alter Siebenschläfer!
Du lässt die Blattläuse einfach walten
Und solltest sie doch in Schach mir halten.

Gurr, gurr, Gänserich

Gurr, gurr, Gänserich,
Mein Hals, der dreht und wendet sich.
Ich watschle leis treppab, treppauf,
Hör droben Opas Schlafgeschnauf.
Der vergaß heut, ein Gebet zu sagen.
Ich zwick ihn einmal ins linke Bein,
Doch so heftig sollte es gar nicht sein ...
Opa fiel, hätt sich fast überschlagen!

Mein Held

Ich hatte mal einen Hund namens Held,
Der hat schon früh am Morgen gebellt
Und lief gern stundenlang durchs Feld.
Ja, mein Held war der beste Hund der Welt.

Ich habe einen kleinen Hund

Ich habe einen kleinen Hund,
Der ist lustig und gesund,
Der ist wirklich ganz, ganz putzig,
Doch manchmal wird er etwas schmutzig.
Beim Baden gab es eine Panne,
Er trank das Wasser aus der Wanne,
Fraß von der Seife auch ein Stück,
Doch ein kleines nur, zum Glück.

Ich habe meine Mami lieb

Eines Morgens wollte das Rehkitz nicht mehr im Garten spielen. „Ich will etwas Neues sehen“, sagte es.

„Dann gehen wir eben raus“, sagte Mama Reh.

„Hier entlang!“, rief das Rehkitz aufgeregt.

Als das Rehkitz zum Bach kam, stakste es vorsichtig über die wackeligen Steine und sah ins Wasser.

„Pass auf, dass du dir keine nassen Füße holst“, warnte Mama Reh.

„Mach ich schon nicht!“, sagte das Rehkitz. Am anderen Ufer zwängte sich das Rehkitz durch das dichte Gebüsch.

„Pass auf, dass du nicht stecken bleibst“, warnte seine Mama.

„Mach ich schon nicht! Jetzt komm doch, Mami!“, antwortete das Rehkitz. „Sieh mal! Dieser Hügel reicht bis in die Wolken!“ Das Rehkitz kletterte bis ganz nach oben und keuchte bei jedem Schritt. Doch plötzlich …

„Aaaaah!“, schrie das Rehkitz, als es die andere Seite des Hügels hinunterpurzelte und auf einer Wiese landete.

„Alles in Ordnung?“, fragte seine Mami.

„Ja!“, lachte das Rehkitz. „Mir geht's gut!“

Dann sah es sich um. „Mami?“, fragte es ängstlich. „Ich weiß nicht mehr, wo ich bin!“

„Wir finden den Heimweg schon“, beruhigte Mama Reh. „Wir müssen uns nur daran erinnern, wie wir hergekommen sind.“ Das Rehkitz dachte nach. Schließlich erinnerte es sich. „Wir sind über den Hügel gekommen!“, rief das Rehkitz und kletterte den Hügel wieder hoch. „Von hier aus kann ich den Weg sehen!“

Das Rehkitz und seine Mami rutschten auf der anderen Seite des Hügels hinunter. „Durch dieses dichte Gebüsch haben wir uns gezwängt!“, rief das Rehkitz, und sie kämpften sich hindurch.

„Wohin jetzt?“, fragte Mama Reh.

Das Rehkitz hörte das Plätschern eines Bachs.

„Die wackeligen Steine!“, jubelte das Rehkitz. „Pass auf, dass du dir keine nassen Füße holst, Mami!“

Von hier aus kannte das Rehkitz den Weg. Es rannte so schnell, wie es konnte, bis es seinen Garten erreichte.

„Ich liebe Abenteuer!“, rief das Rehkitz glücklich. „Und meine Mami habe ich auch lieb!“

Der kleine Leopard hat eine Frage

Der kleine Leopard war sehr, sehr neugierig. Ununterbrochen stellte er Fragen! „Welches ist der beste Platz im Dschungel?“, fragte er die anderen Tiere.

„Die Äste mit den vielen Blättern“, sagte das Faultier.

„Das schattige Flussufer“, sagte der Elefant.

„Die Bäume mit den Früchten“, sagte der Affe.

„Jetzt bin ich immer noch nicht schlauer“, dachte der kleine Leopard. „Jeder gibt mir eine andere Antwort!“

Als er nach Hause kam, hatte seine Mutter ihm ein Bett aus frischem Moos und Blättern bereitet. Der kleine Leopard sprang hinein und rollte sich zusammen.

„Und, hast du den besten Platz im Dschungel gefunden?“, fragte seine Mutter. Mit einem Mal wusste der kleine Leopard die Antwort auf seine Frage.

„Ja, das habe ich“, antwortete er und kuschelte sich in sein Bett. „Ich dachte, jeder hätte mir eine andere Antwort gegeben, aber eigentlich haben alle dasselbe gesagt. Der beste Platz im Dschungel ist zu Hause!“

Krokodile tragen keine Schlafanzüge!

Christopher, das Krokodil, wünschte sich nichts mehr als einen Schlafanzug. „Krokodile tragen keine Schlafanzüge", sagte sein Vater. „Dafür sind wir zu fürchterlich und schuppig und gefährlich." Aber Christopher hatte einmal einen kleinen Jungen in einem Schlafanzug gesehen und musste seither ständig daran denken.

„Mach dir doch selbst einen", schlug seine Mutter vor.

Also sammelte Christopher große, bunte Blätter und sternförmige Blumen und machte daraus einen prächtigen Schlafanzug mit Sternenmuster. „Du siehst toll aus!", fand seine Mutter.

„Fabelhaft!", riefen seine Freunde.

Alle Krokodile im Sumpf wollten so einen Schlafanzug wie Christopher. Also machte er noch einen … und noch einen ... und noch einen! Solange die Sonne scheint, sehen Krokodile immer noch so fürchterlich und schuppig und gefährlich aus wie eh und je. Aber wenn der Mond herauskommt und es Zeit zum Schlafengehen ist, dann ziehen sie jetzt alle ihre wunderbaren Schlafanzüge an. Sogar Christophers Vater!

Der kleine Drache hat Durst

Es war ein sehr heißer Tag, und Gonzos Mutter machte ein Schläfchen in der kühlen Höhle. Aber Gonzo wollte um den Berg fliegen. Also schlich er sich hinaus.

Huiiii! Vom Herumsausen in der sengenden Hitze bekam Gonzo bald Durst. Er landete am See im Tal. Plötzlich fiel ihm die Warnung seiner Mutter ein: „Drachen dürfen nur Wacholdersaft trinken“, hatte sie zu ihm gesagt.

Durstig sah Gonzo zu, wie ein Schwarm Vögel aus dem See trank. Ihm war viel zu heiß, um erst nach Hause zu fliegen und dort Wacholdersaft zu trinken. Ein kleines bisschen Wasser konnte doch wohl nicht schaden? Er leckte ein paar Tropfen auf. „Köstlich!“, rief Gonzo überrascht und trank mehr. Doch plötzlich machte es pffft! Und Gonzos Drachenfeuer erlosch. Gonzo war entsetzt. Er flog nach Hause, so schnell er konnte.

„Mama!“, rief er. „Ich bin kein Drache mehr. Sieh nur! Mein Feuer ist aus!“

„Hast du Wasser getrunken?“, fragte seine Mutter streng.

„Ja!“, schluchzte er. „Hätte ich bloß auf dich gehört.“

„Es gibt nur eine Möglichkeit, dein Feuer zurückzubekommen“, seufzte sie. „Wir müssen zum Vulkan fliegen. Du musst seine Hitze schlucken.“

Im Vulkankrater rumpelte und brodelte die geschmolzene Lava. Vor Angst zitternd schoss der junge Drache im Sturzflug so tief hinunter, wie er sich traute, und atmete die feurige Hitze tief ein. Hustend und prustend landete Gonzo im Tal unter dem Vulkan. Plötzlich schossen hellrote Funken aus seiner Nase.

„Mama, es hat funktioniert – ich habe mein Feuer wieder!“, schrie er. Gonzos Mutter konnte ihm nicht länger böse sein.

„Du musst durstig sein nach der heißen Vulkanluft“, lachte sie. „Ich hätte da ein schönes Glas Wacholdersaft für dich!“

Knick, knack

Knick, knack, knick, knack,
Seht, wie ich die Erdnuss knack.
Ist die Schale noch so dick,
Ich zerbrech sie Stück für Stück.

Der Mann im Mond

Der Mann im Mond
Fragte nicht, ob es lohnt –
Er suchte den Weg nach Berlin.
Erst ging er nach Westen,
Dann ging er nach Osten –
Drauf setzt' er sich erschöpft
zum Picknick hin.

Suse, bruse, wie weht der Wind

Wiegt unser Kindchen, dann wächst es geschwind.
Weht um das Gärtchen, schlüpft durch das Tor,
Klettert am Apfelbaum hurtig empor.

Willy Weißbescheid

Oh, wilder Willy Weißbescheid,
Wann feierst du denn Hochzeit?
Wenn Äpfel und Birnen reif sind.
Ich komm zu deinem Hochzeitsfeste,
Und sing und tanz, wie alle Gäste –
Vom Opa bis zum Kind.

Die blonde Lulu

Die blonde Lulu
Verlor ihren Schuh.
Wie soll sie jetzt nur laufen?
Schenk ihr einen neuen,
Dann läuft sie in zweien
Und braucht sich keinen zu kaufen.

Janny

Janny, oh Janny,
Wo gehst du hin?
Ich will dir folgen,
Denn nach dir steht mir der Sinn!
Ich geh durch alle Straßen und
Such dich auf dem Feld.
Janny, oh Janny,
Ich folg' dir um die ganze Welt!

Däumelinchen

Es war einmal eine arme Frau, die wohnte in einem Häuschen und wünschte sich sehr ein Kind. Eines Tages ging sie zu einer Fee, um sie um Hilfe zu bitten.

„Du bist eine gute Frau“, sagte die Fee, „deshalb gebe ich dir dieses Zauberkorn. Vergrabe es und gieße es gut, und du wirst sehen, was geschieht!“

Die Frau dankte der Fee und tat wie ihr geheißen. Bald erschien eine Knospe mit glänzenden rosafarbenen Blütenblättern, die noch fest geschlossen waren.

„Welch wunderschöne Blume du sein wirst“, lächelte die Frau und küsste sie sacht. Da entfalteten sich die Blätter, und in der Mitte der Blume lag ein wunderschönes Mädchen, so klein wie ein Daumen. Die Frau klatschte vor Freude in die Hände. „Ich werde dich Däumelinchen nennen“, rief sie und legte ihr neues Kind in ein Bett aus einer Walnussschale, mit einer Decke aus einem Rosenblatt. Däumelinchen war sehr glücklich mit ihrer Mutter. Doch eines Tages, als die Mutter nicht da war, kroch eine hässliche, schleimige Kröte ins Haus und nahm das schlafende Mädchen mit sich.

Als Däumelinchen aufwachte, saß sie auf einer Seerose in einem Bach, und zwei Kröten starrten sie an. „Dies ist deine neue Frau!“, sagte die Mutter zu ihrem Sohn. „Aber ich will keine Kröte heiraten“, sagte Däumelinchen und fing an zu weinen.

„Du undankbares Mädchen“, schimpfte die Krötenmutter. „Du bleibst hier, bis du aufhörst zu weinen!“ Die zwei Kröten sprangen ins Wasser und schwammen davon. Däumelinchen schluchzte und schluchzte.

Schließlich hatte ein Fisch Mitleid mit ihr und nagte den Stängel der Seerose durch. Däumelinchen trieb auf dem Blatt sanft den Fluss hinab und entkam den Kröten. Schließlich trieb sie ans Ufer und kletterte an Land. Däumelinchen lebte den ganzen Sommer auf dem Land. Sie vermisste

ihre Mutter, wusste aber nicht, wie sie nach Hause finden sollte. Also sammelte sie wilde Beeren und freundete sich mit vielen Tieren an.

Der Winter kam. Däumelinchen fror. Sie war hungrig und ganz allein. Zum Glück lud sie eine nette Feldmaus ein, bei ihr in der Höhle zu wohnen. Sie war so dankbar, dass sie sofort Ja sagte. Unter der Erde war es warm und gemütlich, aber schon bald vermisste Däumelinchen die Sonne. Und dann fragte ein Freund der Maus, der Maulwurf, ob sie ihn heiraten wolle.

„Aber ich will keinen Maulwurf heiraten“, rief Däumelinchen. „Du undankbares Mädchen!“, sagten Maus und Maulwurf. Da willigte Däumelinchen traurig ein, den Maulwurf zu heiraten, und die Hochzeit wurde für den folgenden Sommer festgesetzt.

Däumelinchen war unglücklich. Eines Tages, als sie durch die unterirdischen Tunnel wanderte, fand sie eine halb erfrorene Schwalbe. Sie drückte den Vogel fest an sich, um ihn zu wärmen. Langsam öffnete er die Augen. „Du hast mir das Leben gerettet“, sagte die Schwalbe. „Komm mit mir in den Süden, in das Land der Sonne und der Blumen!“

„Ich kann die Maus nicht verlassen“, seufzte Däumelinchen, „sie war so nett zu mir.“

„Dann muss ich allein fliegen“, sagte die Schwalbe und streckte ihre Flügel. „Aber im nächsten Sommer

komme ich zurück. Lebe wohl!“ Dann flog sie davon. Schließlich kam der Tag, an dem sie den Maulwurf heiraten sollte. Doch während sie auf ihn wartete, kam die Schwalbe zurück. „Komm mit mir!“, rief sie. „Ja, gern!“, sagte Däumelinchen. Und so flog Däumelinchen mit der Schwalbe in den Süden. Als sie ihr neues Zuhause erkundete, öffnete sich vor ihr eine besonders schöne Blume.

Und in ihrer Mitte lag ein Feenprinz, nicht größer als ein Daumen, mit Schmetterlingsflügeln. „Willst du mich heiraten?“, fragte er sogleich. „Ja, ich will!“, rief Däumelinchen.

Und so heiratete Däumelinchen den Prinzen und wurde die Königin der Blumenfeen. Doch sie vergaß ihre Mutter nicht: Noch am selben Tag schickte sie Feenboten, um ihr eine Nachricht und einen wunderschönen Blumenstrauß zu überbringen. Und wenn das liebe Däumelinchen und ihr Feenmann nicht gestorben sind, so leben sie noch heute.

Schweinchen Paula

Frau Schwein hatte fünf süße Ferkel. Aber vom Moment ihrer Geburt an steckten sie dauernd in Schwierigkeiten!

Percy steckte seine kleine rosa Schnauze liebend gern in alles hinein. Peter verlief sich ständig. Poppy und Pippa wollten alles fressen, was ihnen vor die Schnauzen geriet. Und dann war da noch Paula. Eigentlich war sie gar nicht besonders unartig, aber irgendwie geriet sie öfter in Schwierigkeiten als alle vier anderen Ferkel zusammen!

Das Problem war, dass Paulas Geschwister sich alle so ähnlich sahen. Sie waren überall rosa, und Frau Schwein konnte sie nur schwer auseinanderhalten.

Aber Paula war anders. Sie war rosa mit einem braunen Fleck auf dem Rücken. Wenn die Ferkel Unsinn machten, konnte Frau Schwein Paula deshalb immer am leichtesten erkennen.

„Nein, Paula! Hör auf damit!“, rief Frau Schwein dann. Arme Paula! Ihr brauner Fleck verriet sie jedes Mal.

„Das ist unfair“, schnaubte sie. „Immer bekomme ich den Ärger, nur weil Mama mich am besten erkennt.“

Eines regnerischen Tages spielten die fünf kleinen Schweinchen am schlammigen Teichufer. Sie planschten und spritzten, und bald waren sie ganz mit Schlamm verschmiert. Als Frau Schwein die schmutzigen Ferkel sah, war sie gar nicht erfreut.

„Paula!“, schrie sie, ohne nachzudenken … Aber Paulas verräterischer Fleck auf dem Rücken war nicht zu sehen. Frau Schwein begann zu kichern. Dann prustete sie laut heraus. Und mit einem großen PLATSCH! sprang sie auch in den Schlamm.

„Im Schlamm spielen macht so einen Spaß!“, quiekte Paula.

„Finde ich auch“, gluckste Frau Schwein. „Oh, Paula, bist du das? Du siehst heute genau aus wie deine Geschwister.“

Und dieses eine Mal wurde Paula nicht als Einzige ausgeschimpft. Sie war nur ein schlammverschmiertes kleines Ferkel wie die anderen.

Auf einer Wiese

Auf einer Wiese tief im Wald
Spielen Käthe, Max und Theobald.
Die Hasenkinder toben umher,
Sie tollen und purzeln und freuen sich sehr.
Da hör'n sie ein Knacken hinter dem Busch –
Verkriecht euch vor dem Fuchs, husch, husch!

Die Wippe

Die Wippe schwingt auf und ab, auf und ab.
Erwin fliegt dabei hoch in die Luft – so!
Derweil geht Erna zu Boden – und knapp
Übers Gras streicht sie mit dem Po.

Zum Markt, zum Markt

Zum Markt, zum Markt –
Kauf dir ein Schwein!
Zu Haus, zu Haus lass das Glück herein.
Zum Markt, zum Markt –
Kauf dir ein Pferd!
Zu Haus wird stets stehn
Ein Topf auf dem Herd.

Fliegende Schweinchen

Stell Dir fliegende Schweinchen vor,
Wohin würden sie gehn?
Vielleicht ganz hoch zum Himmelstor?
Von oben könnten sie alles sehn!
Oder vielleicht gen Süden,
Wenn sie bis dort nicht ermüden.

Schweinchen

Dieses Schweinchen ging zum Markt,
Dieses blieb zu Haus.
Dieses Schweinchen aß ’nen Schinken,
Dieses hatte keinen Schmaus.
Und dieses Schweinchen schrie:
„Uie-uie-uuuiiieehh!“
Und lief ganz schnell nach Haus!

Die goldene Gans

Es war ein armer Junge mit Namen Dummling, der wohnte mit seiner Familie am Rande eines Waldes. Eines Tages, als er gerade beim Holzfällen war, bat ihn ein alter Mann um Essen und Trinken. „Natürlich“, sagte Dummling, dessen Essen kaum für ihn alleine reichte. „Du warst gut zu mir“, sagte der alte Mann. „Dafür bekommst du eine Belohnung. Fälle diesen Baum dort und schau, was du darin findest.“

Dummling tat wie ihm geheißen und fand mitten im Baumstamm eine Gans mit Federn aus purem Gold! Dummling sah sich nach dem alten Mann um, doch der war verschwunden, und so nahm Dummling die Gans und ging zu einem Gasthof. Der Gastwirt hatte drei Töchter. Die waren sehr neugierig auf die goldene Gans. Als das älteste Mädchen eine Feder stehlen wollte, klebte sie an der Gans fest! Als die beiden anderen Schwestern versuchten, sie wegzuziehen, klebten auch sie fest.

Am nächsten Morgen brach Dummling mit der goldenen Gans auf. Die Schwestern zog er hinterdrein. Als die Leute die sonderbare Gruppe sahen, versuchten sie, die Mädchen zu befreien, doch bald klebten auch sie fest. Inzwischen war es der seltsamste Umzug, den man sich vorstellen kann!

Zufällig kamen sie am Schloss des Königs vorbei. Der hatte eine Tochter, doch die war immer traurig. Niemand konnte die Prinzessin zum Lächeln bringen. Der König wollte sie so gern aufheitern, dass er sie demjenigen zur Frau versprochen hatte, der sie fröhlich machen könnte.

Als die Prinzessin an jenem Tag aus dem Fenster schaute und Dummling mit der goldenen Gans und der Menschenschlange daran sah, begann sie laut zu lachen. „Die Prinzessin lacht!“, rief der erfreute König. „Das ist dein Werk. Du darfst sie heiraten!“

„Ich? Die Prinzessin heiraten?“, sagte Dummling. Da sprang die goldene Gans von Dummlings Arm, und die festgeklebten Menschen waren frei. Und die Prinzessin lachte wieder. Dummling und die Prinzessin heirateten bald, und sie lebten ein langes, glückliches Leben voller Freude und Lachen.

Herzdame

Herzdame backte Kuchen,
Sie wollt ihre Mutter besuchen,
Seit Wochen zum ersten Mal.
Herzbube roch den Kuchen,
Die Plätzchen musste er versuchen,
Weshalb er sie heimlich stahl.
Herzkönig erzürnte nicht wenig,
Ließ sich die Herzplätzchen bringen.
Herzbube sah man mit Tränen ringen,
Er gelobte Dame und König:
„Plätzchen stehl ich nie wieder!“
Herzeltern schmunzelten versöhnlich.

Der kecke Anton

Der kecke Anton traf einen Bäcker, dessen Törtchen dufteten fein.
Anton dachte kurz nach, dann wurde er kecker:
„Lass mich dein Vorkoster sein!“
Da sprach der Bäcker zum kecken Anton:
„Zeig mir zuerst dein Geld.“
Da erwiderte Anton dem perplexen Bäcker:
„Hab nix, kriegst nix – nicht um alles in der Welt!“

Hardy lernt gern

Eines Morgens, als Hardy Hase und seine besten Freunde Erik, das Eichhörnchen, Max, die Maus und Fritzi, der Frosch in die Schule kamen, erklärte die Lehrerin Frau Hempel: „Heute verkleiden wir uns wie die Leute von früher, und wir erfahren, wie sie lebten."

„Ich verkleide mich als Wikinger", sagte Hardy.

„Und ich als Ritter", sagte Erik. „Die haben tolle Helme."

„Ich werde Prinzessin!", rief Fritzi.

„Ich kann mich einfach nicht entscheiden", meinte Max.

„Warum verkleidest du dich nicht als ägyptischer Herrscher?", fragte Hardy und nahm ein Buch aus dem Regal. „Die wurden Pharao genannt", sagte er. Aber die Pharaonenkrone war nicht in der Kostümkiste.

„Ohne Krone will ich kein König sein", sagte Max. Da sah er ein Poster an der Wand des Klassenzimmers. „Ich möchte eine ägyptische Mumie sein", sagte er. „Die sind so cool!" Er wühlte in der Kiste. „Schade!", rief er. „Hier ist kein Mumienkostüm."

„Ich habe ein Ritterschwert und einen Helm“, sagte Erik. „Und ich bastle mir noch einen Schild dazu.“

„Ich baue mir ein Wikingerboot“, sagte Hardy.

„Und ich einen Palast für eine Prinzessin“, meinte Fritzi.

Hardy, Erik und Fritzi machten sich an die Arbeit, aber Max hatte immer noch nichts gefunden.

„Ich wäre so gerne eine Mumie“, sagte Max.

„Was weißt du denn noch über die Ägypter?“, fragte Hardy.

„Sie haben gewaltige Pyramiden gebaut“, antwortete Max.

„Dann bau doch eine“, meinte Hardy.

Max fand einen Pappkarton und wollte daraus eine Pyramide bauen. „Puh“, sagte er, „das ist schwieriger, als es aussieht.“

Fritzi zeigte ihm ein paar Pyramiden auf dem Computer.

„Ah, jetzt weiß ich Bescheid“, sagte Max. „Eine Pyramide hat vier Seiten, nicht drei! Und jede Seite ist genau gleich groß.“

Stolz bastelte Max seine Pyramide. Dann seufzte er: „Ich weiß immer noch nicht, was ich anziehen soll.“

„Aua“, rief Hardy plötzlich. „Ich habe mich am Papier geschnitten!“

„Das ist nur eine kleine Wunde“, sagte Frau Hempel. „Aber geh besser zum Hausmeister und frag nach einem Pflaster.“

„Das bringt mich auf eine Idee!“, sagte Hardy. Er flüsterte Max etwas ins Ohr.

„Klasse!“, lachte Max. „Aber bleib nicht so lange!“

Schließlich zeigten die Freunde, was sie gebastelt hatten.

„Ich bin ein Ritter“, sagte Erik. „Mein Schild schützt mich in Schlachten. Ich habe es bunt angemalt, damit meine Freunde mich erkennen, wenn mein Helm geschlossen ist.“

„Ich bin eine Prinzessin“, sagte Fritzi. „Ich wohne in einer Burg. Ich trage ein langes Seidenkleid und einen hohen, spitzen Hut. Und ich muss die Ritter herumkommandieren.“

Nachdem Hardy vom Hausmeister zurückgekehrt war, zeigte er allen sein Wikingerboot. „Ich bin ein Wikinger“, sagte er. „Ich segle in einem schnellen Langboot. An meinem Bug ist ein geschnitzter Drachenkopf befestigt, um meine Feinde zu erschrecken.“

„Jetzt ist Max dran."

„Ägypter haben vor langer, langer Zeit gelebt", erklang die Stimme von Max. Aber er war nirgendwo zu sehen …

„Sie bauten erstaunliche Pyramiden", ließ sich die Stimme wieder hören. „Die Pyramiden waren höher als zehn Häuser, die übereinanderstehen. Niemand wohnte darin, außer – MUMIEN! WAAAAAHH!"

Und Max sprang aus der Pyramide heraus.

„Da hast du dich versteckt!", rief Fritzi.

„Woher hast du dieses tolle Mumienkostüm?", fragte Erik.

„Ich habe mir die Verbände vom Hausmeister geliehen", sagte Max. „Das war Hardys Idee."

„Gut gelöst!", sagte Frau Hempel.

„Ihr alle habt eure Sache sehr gut gemacht. Und wir haben interessante Dinge gelernt. Vielen Dank!"

Ein Elefant vergisst nie

Heut Morgen, da fand ich im Rüssel
Einen Knoten und staunte gar sehr!
Ich weiß, er soll mich an etwas erinnern,
Doch an was, das weiß ich nicht mehr!

Auch wenn's mir bisher nicht einfiel,
Eines gibt es, auf das ich vertrau:
Ein Elefant vergisst nie! Nur wann es ihm einfällt,
Das weiß er nicht so genau.

Ein verrückter Tag

Edi Eichhörnchen sammelte fleißig Nüsse für seinen Wintervorrat. Als er sich sicher war, dass ihn niemand beobachtete, schob er sie einzeln durch ein Loch in der großen Buche in sein Versteck.

Das war harte Arbeit, und so beschloss Edi, eine Pause zu machen. Er schlich sich noch einmal zur großen Buche und spähte durch das Loch, um zu sehen, wie viele Nüsse er gesammelt hatte. Wie erschrocken war er, als er sah, dass sein Versteck leer war. All seine Nüsse waren weg!

„Jemand hat meinen Wintervorrat gestohlen“, rief er wütend. Er schrie so laut, dass seine Freunde herbeieilten.

„Und mir hat jemand Nüsse auf den Kopf geworfen, und ich musste alles auch noch nach draußen kehren“, rief das Kaninchen. Und dann begann es zu lachen, denn es verstand auf einmal, was passiert war. Edi hatte die Nüsse in seinen Bau geworfen. „Was für ein verrückter Tag“, kicherte Edi.

Die drei kühnen Ziegenböcke

Es waren einmal drei Brüder: ein kleiner Ziegenbock, ein mittelgroßer Ziegenbock und ein großer Ziegenbock.

Die drei Ziegenböcke lebten auf einem Hügel neben einem rauschenden Fluss. Auf der anderen Flussseite gab es eine Wiese mit herrlich saftigem Klee. Doch um auf diese Wiese zu gelangen, mussten sie eine wackelige alte Brücke überqueren, die von einem gemeinen Troll bewacht wurde.

„Ich habe keine Angst vor dem hässlichen Troll", sagte der kleine Ziegenbock und ging als Erster. Die Hufe des kleinen Ziegenbocks klapperten auf der Brücke. „Wer trappelt da über meine Brücke?", brüllte der Troll und sprang hervor. „Ich bin hungrig und werde dich verschlingen!"

„Bitte, tu das nicht", antwortete der kleine Ziegenbock. „Warte auf meinen Bruder. Er ist viel größer und saftiger als ich."

Der Troll leckte sich hungrig die Lippen. Er hatte schon ein paar Tage nichts mehr gegessen, beschloss aber, noch etwas warten zu können, wenn sich das Warten lohnte. „Einverstanden“, sagte der hungrige Troll und ließ den kleinen Ziegenbock passieren.

Es dauerte nicht lange, da klapperten die Hufe des mittleren Ziegenbocks über die Brücke. „Wer trappelt da über meine Brücke?“, knurrte der Troll. „Ich werde dich fressen!“

„Bitte, tu das nicht“, antwortete der mittlere Ziegenbock. „Warte auf meinen großen Bruder. Er ist viel größer und saftiger als ich.“ Der Troll rieb sich gierig seinen riesigen Bauch und ließ auch den mittleren Ziegenbock ziehen.

Es dauerte nicht lange, da hörte er wieder Hufe klappern. Der große Ziegenbock war auf dem Weg. „Wer trappelt da über meine Brücke?“, heulte der Troll. „Das bin ich, der größte der drei Ziegenböcke“, rief der große Ziegenbock. Und bevor der Troll etwas sagen konnte, senkte er die Hörner und griff an.

RUMMS! – rammte der große Ziegenbock den Troll und warf ihn in die Luft. PLATSCH! – landete der Troll im Fluss und verschwand. Da lief auch der große Ziegenbock über die Brücke zu seinen Brüdern, und gemeinsam fraßen sie auf der Wiese den herrlich saftigen Klee. Und der dumme alte Troll wurde nie wieder gesehen.

Tanz, Pedro, tanz

Die Tiere auf dem Bauernhof hatten es satt. Sie wollten ihre Ruhe haben, aber Pedro, der Esel, übte Stepptanzen für den Tanzwettbewerb im Dorf. Seine Hufe klickten und klapperten laut über den Hof, und sein schrilles I-ah war kilometerweit zu hören, wenn er mitsang. Er wollte unbedingt gewinnen! Aber zuerst musste er eine Tanzpartnerin finden.

Pedro ging zum Teich und fragte die Ente. „Ich würde dir ja gerne helfen", quakte die Ente, „aber ich habe zu platte Füße."

Pedro trappelte hinüber zum Stall und fragte die Kuh.

„Ich kann nicht", muhte die Kuh. „Wenn ich tanze, wird meine Milch ganz schaumig. Frag doch mal das Schaf!"

„Willst du mit mir tanzen?", fragte Pedro das Schaf.

„Ach, mein Fell ist zu dick", blökte das Schaf. „Das wird mir zu heiß."

Aber Pedro gab nicht auf. Auch wenn er keine Partnerin hatte, übte er die ganze Woche tanzen.

Schließlich kann der Tag des Wettbewerbs. Alle Teilnehmer versammelten sich im großen Zelt auf der Dorfwiese. Pedro hatte immer noch keine Tanzpartnerin gefunden, aber er beschloss, dem Bauern und seiner Frau zuzusehen, die als Erste dran waren. Alle jubelten ihnen zu, als sie zur Bühne gingen, aber plötzlich rutschte der Bauer aus und verletzte sich am

Knie. „Ist schon in Ordnung“, sagte er zu seiner Frau, „tanz einfach ohne mich.“

Die Bäuerin sah sich um und bemerkte Pedro.

„Willst du mein Tanzpartner sein?“, fragte sie. „Die anderen Tiere haben mir erzählt, wie gut du tanzt.“ Strahlend vor Stolz betrat Pedro mit der Bäuerin die Tanzfläche.

Sie waren ein tolles Paar und bewegten sich perfekt im Takt! Als der Richter verkündete, dass sie den ersten Preis gewonnen hatten, war das der schönste Tag in Pedros Leben.

Jetzt machen den anderen Tieren Pedros Übungen nicht mehr so viel aus. Sie bewundern sogar seine neuesten Tanzschritte! Aber wenn Pedro beim Tanzen mitsingt, halten sie sich die Ohren zu und schreien: „Bitte, Pedro, tanz einfach!“

Das hässliche Entlein

Es war einmal eine stolze und glückliche Ente. „Ich habe sieben schöne Eier, und bald werde ich sieben schöne Küken haben“, sagte sie zu den anderen Tieren am Flussufer.

Nicht mehr lange, und schon hörte sie ein Knacken! Und ein hübsches Küken nach dem anderen streckte seinen kleinen Kopf aus der Eierschale.

„Nur noch ein Ei übrig“, quakte Mutter Ente. „Und es ist ein großes!“ Eine ganze Weile passierte gar nichts. Doch dann begann das größte Küken endlich zu schlüpfen.

Klopf, klopf, klopf! Da kam ein Schnabel.

Kracks, kracks, kracks! Da kam ein Kopf.

Krach, krach, krach! Heraus kam das letzte Küken.

„Oh“, sagte Mutter Ente. „Das ist wohl … ein bisschen anders!“ Das letzte Küken sah tatsächlich merkwürdig aus. Es war größer als die anderen Küken und hatte auch nicht ihre schönen gelben Federn. „Das macht nichts“, sagte Mutter Ente. „Du bist mein besonderes Küken.“

„Ihr müsst gleich schwimmen lernen.“ Ein Küken nach dem anderen hüpfte ins Wasser und landete mit einem kleinen Plopp. Doch das hässliche Entlein fiel über seine großen Füße und landete mit einem lauten Platschen im Wasser. Die anderen Küken lachten über ihren unbeholfenen Bruder.

„So, meine kleinen Küken“, sagte Mutter Ente, „bleibt zusammen und schwimmt hinter mir her!“

Zurück im Nest übten die Küken das Quaken.

„Sprecht mir nach“, sagte ihre Mutter. „Quak, quak, quaketi-quak!“

„Quak, quak, quaketi-quak!“, wiederholten die Küken – alle außer dem hässlichen Entlein. „Honk! Honk!“, rief es. Die anderen Küken quakten vor Lachen.

Das hässliche Entlein ließ verschämt den Kopf hängen. „Ich werde nie dazugehören!“, dachte es.

Am nächsten Tag nahm Mutter Ente ihre Kleinen wieder zum Schwimmen mit. Wieder blieben die Küken in ihrer Nähe, während das hässliche Entlein allein schwamm.

„Was für ein Vogel bist du denn?", fragte eine vorbeifliegende Wildgans recht frech. „Ein Entlein natürlich", antwortete das Entlein. „Meine Familie hat mich ganz allein gelassen." Der Wildgans tat das hässliche Entlein leid, und sie bot ihm an, mit ihr zu gehen. Aber das hässliche Entlein traute sich nicht von seinem Fluss weg, und so blieb es, wo es war.

Wenn ihre Mutter nicht hinsah, ärgerten die anderen Küken ihren hässlichen Bruder. „Schaut euch nur seine langweiligen grauen Federn an", sagte seine Schwester herzlos, während sie ihr eigenes Spiegelbild im Wasser bewunderte. „Meine sind so viel schöner!"

Das hässliche Entlein schwamm davon und schaute sein Spiegelbild an. „Ich sehe anders aus als sie", dachte es traurig.

Es schwamm den Fluss hinab und hielt nicht an, bis es an einem Ort war, den es noch nie gesehen hatte. „Ich kann genauso gut allein hierbleiben", beschloss es.

Dann kam der Winter mit viel Schnee, und das hässliche Entlein fror und fühlte sich allein. Der Fluss war zugefroren. „Wenigstens kann ich so mein hässliches Spiegelbild nicht mehr sehen", dachte es bei sich.

Endlich kam der Frühling, und das Eis taute. Neue Besucher erschienen auf dem Fluss. Das hässliche Entlein wurde nervös, als einige prächtige weiße Enten herbeischwammen.

„Ihr seid aber große Enten", sagte es, als sie näher kamen.

„Wir sind keine Enten“, lachten die eleganten Wesen. „Wir sind Schwäne – genau wie du!“

Das hässliche Entlein wusste nicht, was sie meinten. Es blickte auf sein Spiegelbild im Fluss und war überrascht, wunderschöne weiße Federn und einen eleganten langen Hals zu sehen.

„Bin das wirklich ich?“, fragte es verwundert.

„Oh ja!“, sagten sie. „Du bist wirklich ein hübscher Schwan!“

Der hübsche junge Schwan gesellte sich zu seinen neuen Freunden und glitt anmutig mit ihnen den Fluss hinauf.

Als er an einer Entenfamilie vorbeischwamm, erkannte Mutter Ente sofort ihr hässliches Entlein. „Ich wusste immer, er ist etwas Besonderes!“, sagte sie.

Und der schöne junge Schwan schwamm stolz über den Fluss. Er schüttelte sein prächtiges weißes Gefieder und hielt den eleganten Kopf hoch erhoben.

Ich bleibe hier!

Den Tieren war heiß, und sie waren schlapp. Seit Tagen hatte es nicht mehr geregnet, und das Wasserloch trocknete in der heißen afrikanischen Sonne langsam aus.

„Wir sollten uns abwechselnd im Wasser abkühlen", schlug die Antilope vor, und alle Tiere stimmten zu.

Aber als das Flusspferd an der Reihe war, wollte es nicht wieder aus dem Wasser herauskommen.

„Das ist unfair!", schrien die anderen Tiere. „Wir wollen auch mal rein!"

„Auf keinen Fall", sagte das Flusspferd „es ist viel zu schön im Wasser. ICH BLEIBE HIER!"

„Du bist gemein!", riefen die Tiere.

Aber das selbstsüchtige Flusspferd sang nur: „ICH BLEIBE HIER! ICH BLEIBE HIER!"

Die Sonne brannte immer heißer, und es kamen noch mehr Tiere zum Wasserloch. Doch das Flusspferd wollte nicht herauskommen.

Plötzlich rannte ein großer, durstiger Elefant direkt auf das Wasserloch zu! Alle Tiere flohen, auch das Flusspferd, als der Elefant Anlauf nahm und ins Wasser sprang. PLATSCH!

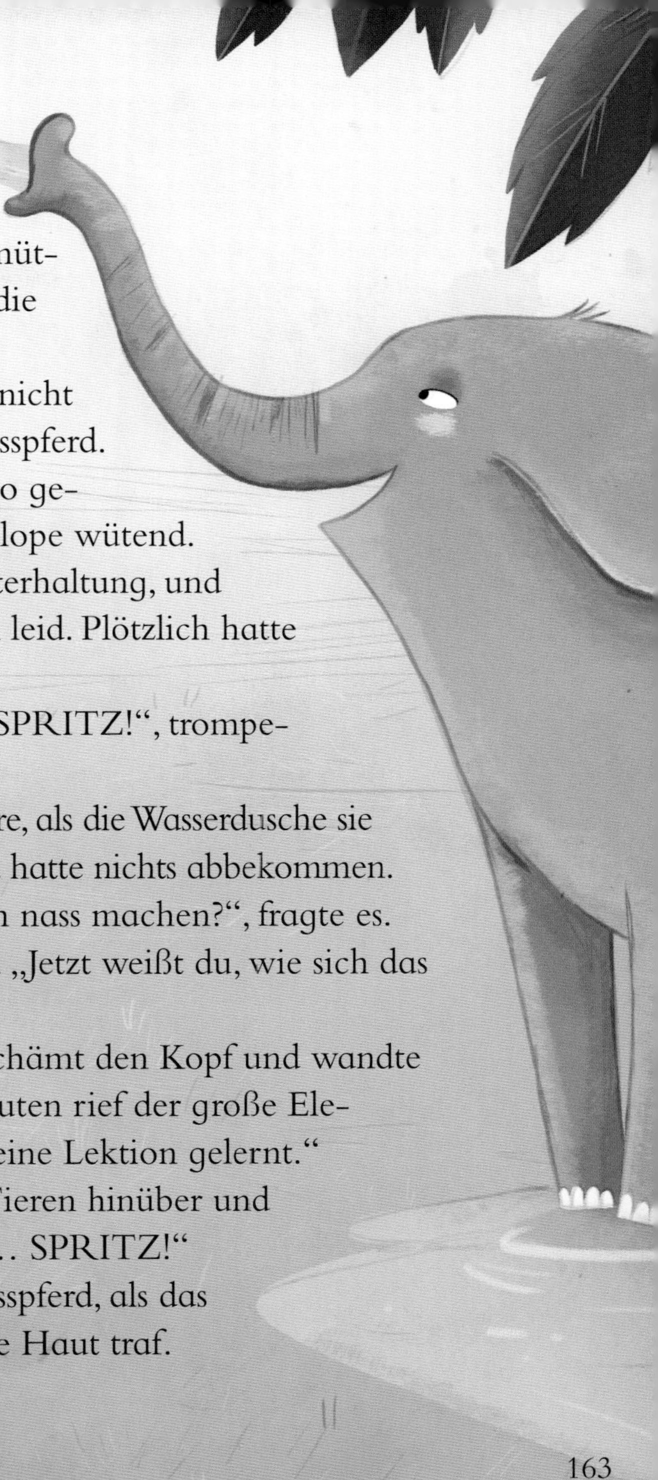

Als der Elefant es sich gemütlich gemacht hatte, kamen die anderen Tiere zurück.

„Jetzt kommt der Elefant nicht mehr raus“, grunzte das Flusspferd.

„Das hast du doch auch so gemacht!“, schnaubte die Antilope wütend.

Der Elefant hörte die Unterhaltung, und die anderen Tiere taten ihm leid. Plötzlich hatte er eine Idee.

„Eins … zwei … drei … SPRITZ!“, trompetete der Elefant.

„Aaaah!“, seufzten die Tiere, als die Wasserdusche sie abkühlte. Aber das Flusspferd hatte nichts abbekommen.

„He, kannst du mich auch nass machen?“, fragte es.

„Nein“, sagte der Elefant. „Jetzt weißt du, wie sich das anfühlt.“

Das Flusspferd senkte beschämt den Kopf und wandte sich ab. Nach ein paar Minuten rief der große Elefant: „Ich glaube, du hast deine Lektion gelernt.“ Er grinste zu den anderen Tieren hinüber und rief: „Eins … zwei … drei … SPRITZ!“

„Danke!“, seufzte das Flusspferd, als das kühle Wasser auf seine heiße Haut traf. „Jetzt bleibe ich HIER!“

Zwei Spatzen

Zwei Spatzen an der Mauer machen ein Gezeter.
Der eine heißt Paulchen, der andere Peter.
Flieg davon, Paulchen, flieg davon, Peter!
Komm zurück, Paulchen, komm zurück, Peter!

Zehn grüne Flaschen

Zehn grüne Flaschen stehn auf der Gartenmauer,
Zehn grüne Flaschen stehn auf der Gartenmauer.
Fällt eine herab, wie viele ... Na, wer ist jetzt schlauer?
Neun grüne Flaschen stehn auf der Gartenmauer!

(Fahre fort mit neun grünen Flaschen usw.)

Eins steht für Glück

Eins steht für Glück,
Zwei steht für Leid.
Drei ist für den Knaben
Und vier für die Maid.
Fünf steht für Silber,
Und sechs steht für Gold;
Sieben für all das,
Was ihr wollt.

Tra, ri, ra

Tra, ri, ra, der Sommer, der ist da!
Wir wollen in den Garten
Und auf den Sommer warten,
Ja, ja, ja, der Sommer, der ist da.

Tra, ri, ra, der Sommer, der ist da!
Wir wollen hinter Hecken
Und woll'n den Sommer wecken.
Ja, ja, ja, der Sommer, der ist da!

Fritz und Frank

Fritz und Frank
Hatten Streit und Zank.
Waren beide blindwütig,
Wollten fast schon prügeln sich.
Kam ein großer Rabe dann
Und starrte beide Knaben an,
Den zwei Helden wurd's ganz komisch,
Wurden wieder friedlich und harmonisch.

Brunos erster Tag

Es war der erste Tag auf der Baustelle für Bruno den Bagger, und er war sehr aufgeregt. Er sollte zwanzig Löcher für Pfosten graben. Die anderen Baufahrzeuge schienen auf den ersten Blick nicht sehr freundlich zu sein.

„Du bist aber klein", murrte der Zementmischer.

„Ich hoffe, du arbeitest wenigstens schnell", sagte der Kran.

„Ich werde mein Bestes geben", flüsterte Bruno. Er schaufelte und baggerte. Schneller, immer schneller! Dann hob der Kran die Pfosten in die Löcher, und der Zementmischer goss den Beton hinein. Als der Tag zu Ende ging, waren sie schließlich fertig.

„Du bist klein, aber du bist schnell", sagte der Kran.

„Willkommen im Team!", fügte der Zementmischer hinzu.

Bruno war erschöpft, aber stolz. Es war schön, gebraucht zu werden, und er konnte es kaum erwarten, am nächsten Tag weiterzubaggern!

Der beste Baumeister von allen

Max war der beste Baumeister der Welt. Er konnte alles bauen: hohe Wolkenkratzer und riesige Schlösser und lange Brücken. Als er zum Chef ernannt wurde, sagte er nur noch den anderen, was sie tun sollten, statt selbst zu hämmern und zu sägen. Aber eines Tages wurde ihm klar, dass er sich langweilte.

„Anderen beim Bauen zuzusehen, macht keinen Spaß", dachte er bei sich.

Hinter der Baustelle lag eine Wiese mit Bäumen. Max spähte über den Bauzaun und sah einen Jungen und seine Mutter, die gerade ein Baumhaus bauten. „Kann ich euch helfen?", fragte Max.

Max, der Junge und seine Mutter arbeiteten den ganzen Tag. Sie bauten Wände und Fenster und eine lange, lange Leiter.

„Das ist das beste Baumhaus auf der ganzen Welt!", sagte der Junge. Max beschloss, dass er nicht länger der Chef sein wollte.

„Ich hämmere und säge gern, aber ich sage den Leuten nicht gern, was sie tun sollen", sagte er.

Inzwischen arbeitet Max nicht mehr an großen Gebäuden. Jetzt baut er nur noch Baumhäuser!

Der Nussknacker

Es war Weihnachten. Klara und ihr Bruder Fritz waren schon ganz aufgeregt: Am Abend sollte es ein großes Fest geben! Fritz stellte seine Spielzeugsoldaten in einer Reihe auf, und Klara dekorierte den riesengroßen Weihnachtsbaum mit einer wunderschönen Fee mit zarten Flügeln und einem pflaumenfarbenen Kleid.

Schließlich kamen die Gäste, und das Fest konnte beginnen.

„Da ist Onkel Drosselmayer!", sagte Fritz. Ihr beider Patenonkel war ein berühmter Spielzeugmacher. Onkel Drosselmeyer umarmte die Kinder und holte zwei Geschenke hervor.

Fritz packte eifrig eine mechanische Bonbonmaschine aus. Für Klara gab es einen hölzernen Nussknacker, der wie ein Soldat aussah. „Er ist wunderbar", flüsterte Klara. „Danke!"

„Aber er ist ein Soldat", beschwerte sich Fritz. „Er sollte mir gehören!" Fritz versuchte, ihr den Nussknacker zu entreißen. Er zog, und Klara zog, und … KNACK! Ein Bein war abgebrochen. „Ich kann ihn schnell reparieren", tröstete ihr Onkel sie sanft.

Onkel Drosselmeyer zog ein kleines Werkzeugmäppchen aus der Tasche und flickte den Nussknacker im Nu.

„Oh, vielen Dank!", freute sich Klara und legte den Nussknacker vorsichtig unter den Weihnachtsbaum und gesellte sich zu den Gästen.

Schließlich war der letzte Tanz getanzt, und die Gäste verabschiedeten sich. Die Familie ging zu Bett, und das Haus war dunkel und still.

BONG! BONG! Klara erwachte und hörte, wie die Standuhr Mitternacht schlug. „Oh nein!“, dachte sie. „Ich habe den Nussknacker ganz allein unter dem Baum liegen gelassen.“ Klara schlich nach unten, und als sie den Nussknacker an sich nahm, begann plötzlich der Baum zu wachsen. Oder war es etwa Klara, die schrumpfte?

„Was geschieht hier?“, rief sie. „Hab keine Angst!“, hauchte plötzlich eine gütige Stimme. Klara drehte sich um. Ihr Nussknacker war lebendig geworden! Hinter ihm richteten sich Fritz’ Soldaten in ihrem Karton auf.

Ehe Klara sichs versah, hörte sie ein trappelndes Geräusch, und aus allen Winkeln und Ritzen strömten Mäuse ins Zimmer! Angeführt wurden sie von einem riesigen Mausekönig mit einer goldenen Krone. „AUF IN DEN KAMPF!“, befahl der Nussknacker. Die Soldaten brüllten und jubelten, und die Mäuse quiekten und piepsten. Plötzlich sah Klara, wie der

Mausekönig mit gebleckten Zähnen auf ihren geliebten Nussknacker zusprang. Sie riss sich den Schuh vom Fuß und warf ihn nach dem Mausekönig. Dieser stürzte mit einem Schrei zu Boden, und seine Krone fiel ihm vom Kopf. Die Mäuse zogen sich augenblicklich zurück. „Ich verdanke dir mein Leben, Prinzessin Klara", frohlockte der Nussknacker. „Du hast den Bann gebrochen, der mir vor langer Zeit von einer bösen Mausekönigin auferlegt wurde." Klara konnte es nicht fassen – der Nussknacker hatte sich in einen schönen Prinzen verwandelt.

„Komm", sagte der Prinz. „Ich werde dich auf ein wundervolles Abenteuer mitnehmen." Die Wände des Wohnzimmers schienen sich aufzulösen, und vor ihnen hielt ein herrlicher Schlitten, der von zwei Rentieren gezogen wurde. Klara und der Prinz stiegen ein, und sie rauschten hoch in den Himmel zu den funkelnden Sternen. „Wo sind wir?", staunte Klara.

„Dies ist das Reich der Süßigkeiten", erklärte der Prinz. Der Schlitten landete neben einem prächtigen Marzipanschloss.

„Schau", sagte der Prinz. „Dort ist die Zuckerfee!"

„Prinz Nussknacker!", rief die Fee. „Endlich sind Sie daheim."

„Dies ist Prinzessin Klara", stellte der Prinz sie vor. „Sie rettete mir das Leben und brach den Bann der Mausekönigin."

Die Zuckerfee umarmte Klara. „Komm und feiere mit uns!“, lud sie Klara ein. Drinnen im Schloss schlemmten Klara und der Prinz herrliche Kuchen und Süßigkeiten. Mit großen Augen sahen sie zu, wie die Zuckerfee zu wunderschöner Musik anmutig tanzte. Klara fielen langsam die Augen zu, und die Musik wurde schwächer und schwächer ...

Als Klara am Weihnachtsmorgen erwachte, lag sie zusammengerollt unter dem Weihnachtsbaum neben dem Nussknacker. „Oh, ich habe ein großartiges Abenteuer erlebt!“, sagte Klara und erzählte ihren Eltern alles. „Das war nur ein Traum, Liebling!“, meinte ihre Mutter. Klara schaute nach oben zu der pflaumenfarbenen Zuckerfee am Baum. Dann blickte sie auf den hölzernen Nussknacker in ihren Händen. „Vielleicht war es das“, seufzte sie. Doch plötzlich bemerkte Klara etwas Glitzerndes auf dem Teppich, und ein Lächeln breitete sich auf ihrem Gesicht aus. Es war eine winzige goldene Krone!

Humpty Dumpty

Humpty Dumpty saß auf der Mauer.
Der König ward darüber schon sauer.
Humpty Dumpty fiel und brach entzwei.
Seither saß auf der Mauer nie wieder ein Ei.

Drei kleine Mäuse

Drei kleine Mäuse, die waren blind.
Wie schnell sie dennoch gelaufen sind!
Sie rannten der Bauersfrau hinterher.
Da ergriff sie ein Messer, wer weiß woher,
Und nahm sich die Mäuse vor …
Schnipp-schnapp!
Habt ihr gesehn? Blinde Mäuse … Schwänze ab!

Kleine Spinnen

Kleine Spinnen weben fein …
Ein Netz, das fängt ihr Frühstück ein.

Spinne übern Speck

Eins, zwei, drei –
Zucker übern Brei,
Spinne übern Speck –
Und du bist weg!

Eins, zwei, drei

Eins, zwei, drei –
Wer liebt Haferbrei?
Vier und fünf,
Du läufst ja ohne Strümpf!
Sechs und sieben,
Wo sind die Strümpf geblieben?
Acht und neun,
Wir schlafen in der Scheun'.
Was fehlt, ist nur noch zehn –
Und du kannst geh'n!

Der Traktor ist los!

Es war ein wundervoller, sonniger Tag auf dem Bauernhof, aber Bauer Hans konnte ihn noch nicht genießen. Erst musste er noch die Arbeit erledigen.

„Wenn du fertig bist, können wir am Ententeich picknicken gehen“, schlug seine Frau Molly vor. „Ich fahre nur schnell in die Stadt zum Einkaufen.“

„Wenn wir meinen Traktor nehmen, sind wir im Handumdrehen fertig mit der Arbeit“, sagte Hans zu seinem Schäferhund Gus. Der war sich da nicht so sicher. Dieser Traktor war schon ganz schön alt! Und tatsächlich, als Hans den Motor anwarf, qualmte schwarzer Rauch heraus.

„Oje“, sagte Hans. „Was mache ich denn jetzt?“

Da kam ihm eine Idee. Hans schob den Traktor in seine Werkstatt, schloss die Türen und machte sich an die Arbeit. Die Bauernhoftiere versuchten, durch die Fenster zu erkennen, was der Bauer da machte.

„Jedes Mal, wenn er etwas zu reparieren versucht, macht er es nur noch schlimmer“, quakte Frau Schnabel.

„Da kommt er“, warnte Gus. „Nichts wie weg hier!“

Hans kam auf dem Traktor herausgefahren.

„Yippie!“, rief er und schwenkte seinen Hut wie ein Cowboy beim Rodeo.

Der alte Traktor sah aus wie neu. Hans hatte ihn repariert, neu lackiert – und ihm Raketentriebwerke verpasst!

„Mit so einem Fahrzeug sind wir der beste Hof im ganzen Land!“, sagte Hans stolz. „Hüpf rein, Gus – es gibt Arbeit!“ Hans zog am Hebel. Flammen schossen aus den Triebwerken, und der Traktor sauste davon!

Das Pferd Balthasar sah den Traktor mit seinem Frühstücksheu auf sich zurasen. „Wird aber auch Zeit", wieherte es. „Ich bin am Verhungern!"

Hans zog am Hebel, um zu bremsen – doch da nahm die Katastrophe ihren Lauf. Statt anzuhalten, wurde der Traktor noch schneller! Als er vorbeischoss, flog ein Heuballen vom Anhänger und landete – PLATSCH! – auf Balthasars Kopf.

„Tut mir leid, Balthasar!", rief Hans ihm über die Schulter zu. Hans kämpfte mit dem verflixten Hebel. Aber es hatte keinen Sinn – und jetzt rasten sie auf die Kuh Maggie zu.

„Der Hebel klemmt fest!", schrie Hans, während Gus verzweifelt sitzen zu bleiben versuchte.

„Ich finde wirklich", sagte Maggie majestätisch, „dass es sehr unhöflich ist, so zu rasen."

Aber sie selbst raste auch schnell davon, als sie den Traktor direkt auf sich zukommen sah!

Ein Stückchen weiter paddelte Frau Schnabel mit ihren Küken auf dem Teich. Als der Traktor durch das Wasser schoss, schlug er so hohe Wellen, dass sie davonflogen!

„Wir müssen dieses Ding aufhalten!", rief Hans und kämpfte weiter mit dem Hebel. Er zog mit all seiner Kraft daran – und

hatte ihn plötzlich in der Hand. „Heiliger Mähdrescher!“, schrie Hans. „Wir haben die Kontrolle verloren!“

In diesem Augenblick kam Molly nach Hause.

„Alles in Ordnung?“, rief sie.

„Ja, Liebes!“, schrie Hans zurück. „Ich bringe Freddi nur einen Eimer Schweinefutter!“ Hans hielt den Eimer hoch, um ihn Molly zu zeigen, als der Traktor an ihr vorbeizischte. In diesem Augenblick fuhren sie über einen Erdhügel, und der Eimer flog ihm aus der Hand – und landete auf Mollys Kopf!

„Festhalteeeeen!“, schrie Hans, als der Traktor das Dach des Schweinestalls hinauffuhr, als wäre es eine Rampe. Er hob ab … und landete genau in der Mitte des Ententeichs.

Hans und Gus waren klitschnass, und auf dem Hof herrschte ein riesiges Durcheinander. „Ich werde den ganzen Tag brauchen, um das alles wieder in Ordnung zu bringen“, stöhnte Hans.

„Unsinn“, erwiderte Molly. „Wir schaffen das und haben immer noch Zeit für ein Picknick, wenn wir alle mit anpacken und zusammenarbeiten!“ Und man war sich einig, dass das eine Spitzenidee war.

Teddybären-Picknick

Der kleine Bär schleppt Kuchen an,
Der große Bär trägt Honig,
Der Baby-Bär trägt Eis herbei,
Mit Sahne, nicht zu wenig!

Sie bringen alles in den Wald,
Wo strahlend scheint die Sonne,
Dort feiern sie ihr Picknick heut
Und schmausen voller Wonne!

Ich steh' auf Eis

Popcorn, Pudding, Paprika,
Bohnen, Eintopf, Ciabatta,
Pfeffersteak und Pfifferlinge,
Schweinebraten, Zwiebelringe,
Graupen, Grog, Glühwein, Suppe –
Das ist mir alles schnuppe.
Ist mir alles viel zu heiß,
Denn ich steh' nun mal auf Eis.

Der Mann vom Mond

Die meisten Leute glauben, dass auf dem Mond niemand wohnt. Aber tatsächlich lebt ein Mann auf dem Mond, der sehr schlau ist und sich gut verstecken kann.

Jede Nacht zieht der Mann seinen Raumanzug an, steigt in seine gestreifte Rakete und fliegt ins All, um andere Planeten zu erforschen. Aber man kann ihn nicht sehen, weil er immer auf der Rückseite des Mondes abfliegt.

„Ich liebe das Weltall!“, sagte der Mann vom Mond eines Nachts, als er an Sternen und Planeten vorbeisauste. „Mach dich bereit für ein Abenteuer, kleine Rakete. Heute Nacht erforschen wir eine fremde Welt!“

Sie landeten auf einem sehr merkwürdigen Planeten. Er war ganz und gar bedeckt von Wäldern aus verschlungenen Bäumen. Der Mann vom Mond kletterte auf die Bäume und spielte mit den violetten Wesen, die dort wohnten. Er ließ sich an den Zehen von den Ästen baumeln und winkte allen zu, die er sah.

„Das ist der beste Planet von allen!“, sagte er. „Ich wünschte, so was gäbe es auch auf dem Mond!“

Die Rakete machte die violetten Wesen sehr neugierig. Sie kletterten auf ihr herum und spähten hinein und tätschelten sie. Und als der Mann vom Mond gerade nicht hinsah, kroch das mutigste Wesen von allen hinein und versteckte sich unter dem Sitz.

Als die Zeit für den Rückflug kam, schenkten die Wesen dem Mann vom Mond Proviant für seine Reise. Er winkte ihnen zum Abschied zu und brauste davon. Aber plötzlich krabbelte das violette Wesen aus seinem Versteck! Ein strahlendes Lächeln breitete sich auf dem Gesicht des Manns vom Mond aus. „Es wird also doch ein Stück Wald auf dem Mond geben!“, jubelte er. Die meisten Leute glauben, dass auf dem Mond niemand wohnt. Aber der Mann, der dort lebt, ist einfach nur sehr gut im Verstecken – genau wie sein neuer Freund, der Außerirdische!

Dornröschen

Es waren einmal ein König und eine Königin. Als die Königin ein wunderschönes Mädchen gebar, war das Königspaar voller Freude und beschloss, die Taufe zu feiern. Sie luden ihre Freunde und alle Könige, Königinnen, Prinzen und Prinzessinnen aus anderen Königreichen im Land ein.

Fünf gute Feen lebten im Königreich, und der König wollte, dass sie Patentanten seiner Tochter würden. Eine dieser Feen war sehr alt, und lange hatte sie niemand mehr gesehen. Daher lud der König nur die vier jungen Feen ein. Am Tag der Taufe war das Schloss voller Gelächter und Tanz. Nach dem köstlichen Festessen gaben die vier guten Feen der Prinzessin ihre magischen Geschenke. Die erste beugte sich über die Wiege, schwang ihren Zauberstab und sagte: „Du sollst gütig und fürsorglich sein." Die zweite Fee sagte: „Du sollst schön und liebevoll sein." Die dritte Fee sagte: „Du sollst schlau und besonnen sein."

Plötzlich flogen die Türen des Schlosses auf. Es war die alte Fee. Sie war böse, weil sie nicht eingeladen worden war. Und so sprach sie einen Fluch über das Kind aus. „Eines Tages soll die Königstochter sich den Finger an einer Spindel stechen und tot

umfallen!“, kreischte sie und ging davon. Die vierte Fee hatte ihr Geschenk noch nicht übergeben. „Ich kann den Fluch nicht aufheben, aber ich kann ihn abmildern“, sagte sie. „Die Prinzessin wird sich den Finger an einer Spindel stechen, aber sie wird nicht sterben. Stattdessen sollen die Prinzessin und alle im Schloss und drum herum in einen tiefen Schlaf fallen, der hundert Jahre dauert.“ Der König dankte der Fee für ihre Güte und befahl dann, zum Schutz seiner Tochter alle Spindeln im Königreich zu verbrennen.

Die Jahre vergingen, und die Prinzessin wurde zu einem schönen und gütigen jungen Mädchen, genau wie es die Feen versprochen hatten. Eines Tages beschloss die Prinzessin, die Räume des Schlosses zu erkunden, die sie noch nicht kannte.

Nach einer Weile kam sie zu einer kleinen Tür oben in einem hohen Turm. Dahinter saß eine alte Frau an ihrem Spinnrad. Die Prinzessin wusste nicht, dass die alte Frau in Wahrheit die böse Fee war. „Was machst du da?“, fragte die Prinzessin neugierig. „Ich spinne Garn, mein liebes Kind“, antwortete die Frau. „Kann ich es auch versuchen?“, fragte die Prinzessin. Kaum hatte sie die Spindel berührt, da stach sie sich in den Finger

und fiel in einen tiefen Schlaf. Schon bald war jedes Lebewesen innerhalb der Schlossmauern in einen tiefen, tiefen Schlaf gefallen. Mit der Zeit wuchs eine Dornenhecke rund um das Schloss. Jedes Jahr wurde sie höher und dichter, bis man nur noch die höchsten Türme sehen konnte.

Die Geschichte der schönen, schlafenden Prinzessin verbreitete sich im ganzen Land. Man nannte sie überall „Dornröschen". Viele Prinzen versuchten, die Dornen zu überwinden, um Dornröschen zu retten, aber keiner hatte Erfolg.

Genau hundert Jahre, nachdem die Prinzessin eingeschlafen war, beschloss ein hübscher Prinz, der von Dornröschen gehört hatte, es zu versuchen. Der Prinz wusste nicht, dass der Fluch der Fee seinem Ende nahte. Als er die dichte Hecke berührte, verwandelten sich alle Dornen in wunderschöne Rosen, und wie von Zauberhand öffnete sich vor ihm ein breiter Pfad. Bald kam der Prinz zum Schloss. Nirgends war ein Laut zu hören. In jedem Raum sah er schlafende Menschen und Tiere. Schließlich fand er

den winzigen Raum im Turm, in dem Dornröschen lag. Der Prinz schaute sie voller Staunen an, und dann küsste er sie sanft. Die schlafende Prinzessin öffnete die Augen und lächelte den Prinzen an. In diesem Augenblick verliebten sie sich ineinander. Alle im Schloss wachten auf, der Bann war gebrochen.

Der König ordnete an, ein großes Hochzeitsfest vorzubereiten, und lud die Menschen des ganzen Königreiches ein. Dornröschen heiratete ihren schönen Prinzen, und wenn sie nicht gestorben sind, so leben sie noch heute.

Die Schwalbe und die Krähe

Eines Tages landete eine junge Schwalbe auf dem Ast neben der alten weisen Krähe. Die Schwalbe sah die Krähe hochmütig an: „Deine Federn sind ja ganz stumpf, du solltest mehr auf dich achten.“

Die alte Krähe war so erbost, dass sie schon empört fortfliegen wollte, als die Schwalbe fortfuhr: „Sieh dir nur meine leuchtenden, weichen Federn an. So sollten die Federn eines gut gepflegten Vogels aussehen.“

„Deine weichen Federn mögen ja im Frühjahr und im Sommer etwas taugen“, antwortete die Krähe, „aber ich kann mich nicht erinnern, einen von euch hier schon einmal im Winter gesehen zu haben. Der Winter ist meine liebste Jahreszeit, und ich bin dankbar für meine festen, steifen Federn. Sie halten mich warm und trocken. Was taugt dein schickes Gefieder da schon?“

Und die Moral von der Geschichte? Gut-Wetter-Freunde taugen nicht viel.

Der Hund und sein Spiegelbild

Eines Tages kam ein hungriger Hund an einer Metzgerei vorbei und entdeckte ein Steak auf der Theke. Er wartete, bis der Metzger nach hinten in den Kühlraum ging, lief hinein und stahl das Fleisch.

Auf dem Heimweg musste der Hund eine schmale Brücke überqueren. Als er hinunter in den Fluss blickte, sah er einen anderen Hund, der auch ein Stück Fleisch im Maul trug. Und es sah noch größer aus als seines!

„Ich will es haben!“, dachte er. Also ließ er sein Stück Fleisch ins Wasser fallen und sprang in den Fluss, um das andere zu stehlen. Doch als er nach dem Fleisch des Hundes schnappte, war es verschwunden, und er biss ins Wasser. Er war auf sein Spiegelbild hereingefallen – und hatte nun nichts mehr zum Essen!

Und die Moral von der Geschichte? Gier zahlt sich nicht aus.

Ein neuer Freund

Oktopus spielte gern mit ihren Freunden Delfin und Schildkröte. Jeden Morgen spielten sie an dem alten Schiffswrack in der Nähe von Oktopus' Höhle „Haie". Bei diesem Spiel war einer der Freunde der Hai, und die anderen flohen, als hätten sie Angst vor ihm.

Eines Morgens schwammen Delfin und Schildkröte zu Oktopus, aber sie war nicht zu Hause. „Wo ist sie bloß?", fragte Delfin besorgt. „Oktopus wartet immer hier auf uns …"

„Vielleicht ist sie in Schwierigkeiten und braucht unsere Hilfe", rief Schildkröte. Als sich die beiden auf die Suche nach Oktopus machten, begegneten sie einem … Hai!

„Hau ab!", quiekte Delfin vor Angst schlotternd.

„Bitte friss uns nicht", bettelte Schildkröte und fing an zu weinen.

Der Hai lächelte traurig. „Ich will euch nicht fressen. Ich will nur euer Freund sein." Er klang so unglücklich, dass Schildkröte und Delfin beide Mitleid mit ihm hatten.

„Tja", sagte Schildkröte nervös, „vielleicht kannst du uns helfen, unsere Freundin Oktopus zu finden."

Der Hai ächzte. „Oktopus? Oh nein! Ich glaube, ich habe ihr Angst eingejagt und sie aus dieser Höhle vertrieben …"

Schildkröte und Delfin blickten sich an. Sie wussten jetzt genau, wo Oktopus war – sie wartete am Schiffswrack auf sie! Also schwammen sie so schnell sie konnten dorthin, und der Hai folgte ihnen. Oktopus war wirklich im Schiffswrack. Sie hatte

sich in einem alten Fischernetz verfangen. Schildkröte und Delfin versuchten, die Knoten zu lösen, aber bald hatten sich ihre Flossen und Finnen auch verfangen.

„Ich helfe euch", sagte der Hai. Er biss mit seinen scharfen Zähnen ein großes Loch in das Netz und befreite die Freunde.

„Danke, Hai", sagte Schildkröte.

„Du hast uns das Leben gerettet", japste Delfin.

„Es tut mir leid, dass ich Angst vor dir hatte", fügte Oktopus schüchtern hinzu.

Hai lächelte. „Können wir jetzt Freundschaft schließen?"

„Ja, lass uns etwas spielen!", strahlte Schildkröte.

„Aber nicht ‚Haie'", lachte Delfin und sah Hai an. „Vielleicht bringst du uns ein neues Spiel bei!"

Fünf kleine Entlein

Fünf kleine Entlein gingen schwimmen im See,
Mit Köpfchen im Wasser, Schwänzchen in der Höh.
Mutter Ente rief von Weitem: „Quak, quak, quak, quak!“
Doch es kamen nur vier kleine Entlein zurück.

*(Wiederhole den Reim und zähle herunter
von vier kleine Entlein bis zwei kleine Entlein.)*

Zwei kleine Entlein gingen schwimmen im See,
Mit Köpfchen im Wasser, Schwänzchen in der Höh.
Mutter Ente rief von Weitem: „Quak, quak, quak, quak!“
Doch es kam nur ein kleines Entlein zurück.

Ein kleines Entlein ging schwimmen im See,
Mit Köpfchen im Wasser, Schwänzchen in der Höh.
Mutter Ente rief von Weitem: „Quak, quak, quak, quak!“
Und alle fünf Entlein kamen schnatternd zurück!

Kommt ein Mäuschen

Kommt ein Mäuschen,
Kommt ein Mäuschen,
Klettert rauf, klettert rauf,
Klettert wieder runter,
Klettert wieder runter,
Tick-tick-tack, tick-tick-tack.

Die Henne und das Ei

Großmutter: „Wer ist wohl die Henne
Und wer das Ei?“
Kind: „Großmutter, ich denke,
Das sind wir zwei!“

Großmutter Hansen

Großmutter Hansen
Ging zum Schrank
Und suchte dem Hund einen Knochen.
Doch als sie hineinsah,
War keiner da –
Der Schrank war leer seit Wochen.

Ich liebe meinen Papa

Eines Tages wollte das kleine Eichhörnchen seinem Papa alles zeigen, was es konnte.

„Was machen wir zuerst?“, fragte sein Papa.

„Graben!“, antwortete das kleine Eichhörnchen aufgeregt, und es grub und grub, und sein Schwanz wackelte dabei hin und her. „Du machst das sehr gut!“, sagte Papa Eichhörnchen. Aber plötzlich hörte der Schwanz auf zu wackeln. „Hilfe, Papa! Ich stecke fest!“ Papa Eichhörnchen half dem kleinen Eichhörnchen aus der Höhle und gab ihm einen Kuss. „Du kannst sehr gut graben!“, sagte sein Papa. „Was spielen wir als Nächstes?“

„Klettern!“, sagte das kleine Eichhörnchen und kletterte so hoch wie es konnte. „Gut gemacht!“, sagte sein Papa. Aber plötzlich kniff das kleine Eichhörnchen seine Augen fest zusammen … „Hilfe, Papa! Ich komme nicht mehr weiter!“ Papa Eichhörnchen half dem kleinen Eichhörnchen hinunter und gab ihm einen Kuss. „Du kannst sehr gut klettern!“, sagte sein Papa. „ Was spielen wir als Nächstes?“

„Springen!“, sagte das kleine Eichhörnchen und begann mit einem breiten Lächeln zu springen. Aber plötzlich hörte das

Kommt ein Mäuschen

Kommt ein Mäuschen,
Kommt ein Mäuschen,
Klettert rauf, klettert rauf,
Klettert wieder runter,
Klettert wieder runter,
Tick-tick-tack, tick-tick-tack.

Die Henne und das Ei

Großmutter: „Wer ist wohl die Henne
Und wer das Ei?“
Kind: „Großmutter, ich denke,
Das sind wir zwei!“

Großmutter Hansen

Großmutter Hansen
Ging zum Schrank
Und suchte dem Hund einen Knochen.
Doch als sie hineinsah,
War keiner da –
Der Schrank war leer seit Wochen.

Ich liebe meinen Papa

Eines Tages wollte das kleine Eichhörnchen seinem Papa alles zeigen, was es konnte.

„Was machen wir zuerst?", fragte sein Papa.

„Graben!", antwortete das kleine Eichhörnchen aufgeregt, und es grub und grub, und sein Schwanz wackelte dabei hin und her. „Du machst das sehr gut!", sagte Papa Eichhörnchen. Aber plötzlich hörte der Schwanz auf zu wackeln. „Hilfe, Papa! Ich stecke fest!" Papa Eichhörnchen half dem kleinen Eichhörnchen aus der Höhle und gab ihm einen Kuss. „Du kannst sehr gut graben!", sagte sein Papa. „Was spielen wir als Nächstes?"

„Klettern!", sagte das kleine Eichhörnchen und kletterte so hoch wie es konnte. „Gut gemacht!", sagte sein Papa. Aber plötzlich kniff das kleine Eichhörnchen seine Augen fest zusammen … „Hilfe, Papa! Ich komme nicht mehr weiter!" Papa Eichhörnchen half dem kleinen Eichhörnchen hinunter und gab ihm einen Kuss. „Du kannst sehr gut klettern!", sagte sein Papa. „ Was spielen wir als Nächstes?"

„Springen!", sagte das kleine Eichhörnchen und begann mit einem breiten Lächeln zu springen. Aber plötzlich hörte das

kleine Eichhörnchen auf zu lächeln und … Platsch! Es war in den Schlamm gefallen. „Hilfe, Papa! Ich stecke schon fest!“ Papa Eichhörnchen half ihm heraus und gab ihm einen Kuss. „Du kannst sehr gut springen!“, sagte sein Papa.

Aber das kleine Eichhörnchen schüttelte traurig den Kopf … „Ich kann gar nichts!“, weinte es. „Immer misslingt mir alles!“ Papa Eichhörnchen hob das kleine Eichhörnchen auf seine Schultern. „Lass uns zusammen spielen“, sagte er. „Lass uns rennen!“ Sie sausten durch den Wald, und das kleine Eichhörnchen überholte ihn beinah. „Lass uns klettern!“, sagte Papa Eichhörnchen. Das kleine Eichhörnchen hielt seine Augen weit geöffnet, als sie den Wipfel des Baums erreichten. „Hurra!“, rief es. „Und jetzt“, sagte Papa Eichhörnchen, „lass uns springen!“ PLUMPS! „Oh, Hilfe!“, schrie Papa Eichhörnchen. „Jetzt stecke ich fest!“ Kichernd half das kleine Eichhörnchen seinem Papa aus dem Schlamm. „Du kannst alles!“, sagte sein Vater stolz. „Du kannst sogar Papa Eichhörnchen retten!“ Das kleine Eichhörnchen grinste. „Ich spiele gerne mit dir … und ich liebe meinen Papa!“, rief es, und sie rannten fröhlich um die Wette nach Hause.

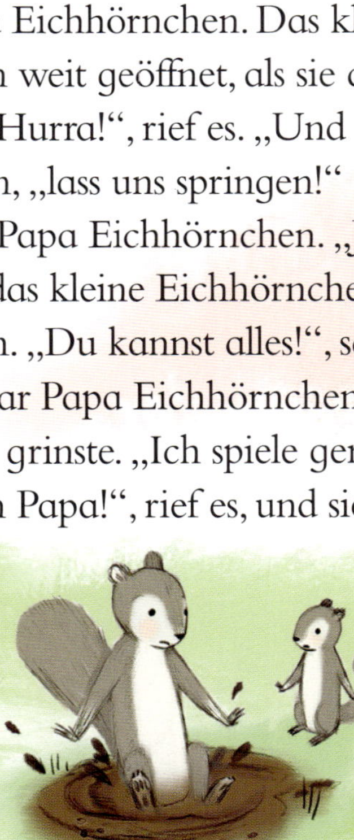

Die kleine Krabbelspinne

Die kleine Krabbelspinne
Kriecht hinauf die Regenrinne.
(Lauf mit Daumen und Zeigefinger,
dreh dabei das Handgelenk.)

Kommt Regen, dann spült er sie hinaus.
(Beweg die Finger einzeln und dabei
die Hände nach unten.)

Kommt die Sonne, leckt sie alle Pfützen aus.
(Beweg beide Arme in großem Bogen.)

Dann streckt die Krabbelspinne alle Glieder –
Und macht sich auf den Weg nach oben wieder.
(Wiederhol die erste Aufgabe.)

Vöglein, flieg ins Bäckerhaus

Vöglein, flieg ins Bäckerhaus,
Hol Brötchen mir vom Bäcker Klaus.
Doch weh –
Die Katze stiehlt die Maus!
Das Spiel beginnt, und du bist raus!

Rundherum im Garten

Rundherum im Garten
Tanzt der Teddybär:
Ein Schritt, noch ein Schritt
Und einmal hin und her!

Um den Maulbeerbusch

Rundherum um den Maulbeerbusch,
Maulbeerbusch, Maulbeerbusch,
Rundherum um den Maulbeerbusch
An einem Wintermorgen.

Das lauteste Piepsen der Welt

Freddie konnte nicht piepsen. Für einen Hund oder eine Katze ist Piepsen nicht wichtig, aber leider war Freddie eine Maus. Und Mäuse sollten piepsen können.

„Alle meine Freunde können piepsen. Nur ich nicht", sagte er.
„Du bist einfach noch nicht so weit", sagte sein Großvater.
„Wenn es an der Zeit ist, wirst du es können."

Später an diesem Tag saß Freddie traurig draußen vor dem Mauseloch. Plötzlich machte es … FAUCH! Eine große hungrige Katze sprang auf ihn zu! Freddie öffnete seinen Mund und wollte um Hilfe rufen – stattdessen ertönte ein unheimlich lautes FIEP! Jede Maus in der ganzen Stadt hörte es. Die Hunde hörten es. Alle Menschen hörten es. Die Katze machte einen Sprung in die Luft, und alle Haare standen ihr zu Berge. Dann rannte sie erschrocken davon.

Als die anderen Mäuse das hörten, klatschten sie Freddie großen Beifall. „Darum hat es so lange gedauert, bis du piepsen konntest", lachte sein Großvater. „Dein Piepsen ist das lauteste der Welt!"

Hatschiii!

Dem Mäuschen kamen die Tränen,
Die Nase juckte ihm sehr,
Das Barthaar begann ihm zu flattern,
Die Knie zuckten noch mehr.

Ein Schluckauf fing an, es zu quälen,
Es nieste viermal immerhin
Und sagte: „Ich fühl mich so schlecht,
Weil ich auf Käse allergisch bin!"

Der Lebkuchenmann

Es lebten einmal eine kleine alte Frau und ein kleiner alter Mann. Eines Tages beschloss die kleine alte Frau, einen Lebkuchenmann zu backen. Sie rührte den Teig an, stach den Lebkuchenmann aus und legte ihn zum Backen in den Ofen. Als sie die Ofentür wieder öffnete, sprang der kleine Lebkuchenmann heraus und rannte fort. „Halt!“, rief die kleine alte Frau. „Wir wollen dich essen!“, rief der kleine alte Mann. Doch der kleine Lebkuchenmann war sehr schnell, und die kleine alte Frau und der kleine alte Mann waren sehr langsam. „Ich renn, ich renn, so schnell ich kann. Ihr fangt mich nicht, ich bin der Lebkuchenmann!“, sang er.

Als der Lebkuchenmann über ein Feld rannte, kam er an einem Schwein, einer Kuh und einem Pferd vorbei. Sie alle wollten ihn essen. „Ich bin vor einer kleinen alten Frau und einem kleinen alten Mann weggelaufen, und vor euch kann ich auch weglaufen“, sagte er und sang: „Ich renn, ich renn, so schnell ich kann. Ihr fangt mich nicht, ich bin der Lebkuchenmann!“

Die kleine alte Frau, der kleine alte Mann, das Schwein, die Kuh und das Pferd rannten und rannten, aber keiner von ihnen konnte den kleinen Lebkuchenmann fangen. Doch plötzlich musste der Lebkuchenmann stehen bleiben. Ein breiter Fluss versperrte seinen Weg. Da sprach ihn ein listiger alter Fuchs an. „Spring auf meinen Schwanz, und ich trage dich über den Fluss", grinste der Fuchs. Und so kletterte der Lebkuchenmann auf den Schwanz des Fuchses, und der Fuchs begann, über den Fluss zu schwimmen.

Nach einer Weile sagte der Fuchs: „Du bist zu schwer für meinen Schwanz. Hüpf auf meine Nase." Der kleine Lebkuchenmann hüpfte auf die Nase des Fuchses. Als sie das andere Ufer erreichten, warf der hungrige Fuchs seinen Kopf zurück. Der kleine Lebkuchenmann wurde hoch in die Luft geschleudert, und als er herunterfiel, schnappte der Fuchs zu. Und das war das Ende des kleinen Lebkuchenmannes!

Der Garten des Riesenkalmars

Erik, der Delfin, lebte mit seiner Mutter und seinen beiden Schwestern Erin und Eva im tiefsten Ozean. Eines Tages wachte er mit einem kribbeligen Gefühl im Bauch auf. „Heute habe ich große Lust, Quatsch zu machen“, sagte er.

Erin und Eva gefiel gar nicht, was sie da hörten. Sie waren beide sehr gut erzogene Delfine. „Los, lasst uns mit unseren Freunden durch die Wellen hüpfen“, sagte Eva.

Aber Erik schüttelte den Kopf. Er hatte plötzlich eine tolle Idee. „Ich gehe im Garten des Riesenkalmars Meeresschnecken suchen“, sagte er. Aber der Riesenkalmar hatte sehr schlechte Laune, und kleine Delfine, die Meeresschnecken aus seinem Garten aßen, mochte er überhaupt nicht. Wenn er sie sah, versuchte er stets, sie mit seinen riesigen Tentakeln zu fangen. Erik tauchte in den Garten des Riesenkalmars hinab und schwamm durch die schönen Korallen am Meeresgrund. Dann sah er einige saftige Meeresschnecken direkt vor dem Eingang zur Höhle des Riesenkalmars. Er schwamm näher und schnappte sich eine.

„Du lästige Delfinblage!“, brüllte eine Stimme. Es war der Riesenkalmar! Seine langen Tentakel schnellten aus der Höhle

und wickelten sich um Eriks Schwanz.
„Hilfe!“, quietschte Erik. „Lass mich los!“
Er zappelte, und plötzlich begann der Riesenkalmar zu lachen.

„Hör auf!“, brüllte er. „Du kitzelst mich mit deinem Schwanz!“ Erik zappelte noch mehr, und der Riesenkalmar konnte sich bald vor Lachen nicht mehr beherrschen. Sein Griff lockerte sich. Erik war frei und schwamm so schnell er konnte davon.

„Komm bloß nicht wieder!“, schrie der Riesenkalmar ihm nach und schüttelte seine Tentakel.

Erin und Eva verschlug es den Atem, als sie von Eriks Abenteuer hörten. „Du schwimmst nie wieder dorthin“, sagte Eva.

„Natürlich nicht“, stimmte Erik zu und zwinkerte. „Nur wenn ich den Riesenkalmar wieder zum Lachen bringen kann!“

Zehn kleine Teddybären

Zehn kleine Teddybären gingen im Mondenschein,
Der eine legt zum Schlafen sich, da waren's nur noch neun.
Neun kleine Teddybären tanzten die ganze Nacht,
Dem einen wurde schwindelig, da waren's nur noch acht.

Acht kleine Teddybären aßen gelbe Rüben,
Dem einen wurde schlecht davon, da waren's nur noch sieben.
Sieben kleine Teddybären besuchten eine Hex',
Den einen hat sie weggehext, da waren's nur noch sechs.

Sechs kleine Teddybären strickten bunte Strümpf',
Dem einen fiel die Nadel raus, da waren's nur noch fünf.
Fünf kleine Teddybären spielten mal Klavier,
Der eine fiel vom Stuhl, oje, da waren's nur noch vier.

Vier kleine Teddybären machten viel Geschrei,
Der eine hat zu viel gelacht, da waren's nur noch drei.
Drei kleine Teddybären wollten zur Gärtnerei,
Der eine hat den Bus genommen, da waren's nur noch zwei.

Zwei kleine Teddybären, ein großer und ein kleiner,
Die stritten sich ganz fürchterlich, da war es nur noch einer.
Ein kleiner Teddybär, der kriegte einen Schreck,
So ganz allein wollt er nicht sein, da war'n sie alle weg!

Mitternachtsspaß

Wenn nachts die Glocke schlägt
Und alles schläft im Haus,
Dann klettern die Teddys gern
Aus dem Bett heraus.

Sie schleichen auf die Straße,
Laufen im Mondenschein,
Bis sie zum Spielplatz kommen,
Denn nachts sind sie allein.

Dort rutschen sie die Rutsche
Mit großem Schwung hinab.
Sie schaukeln auf den Schaukeln
Und springen mutig ab.

Doch wenn die Sonne aufgeht,
Dann laufen sie zurück –
Und klettern leis und schnell ins Bett,
Das Kind drückt sie vor Glück!

Pferdchen, Pferdchen

Pferdchen, Pferdchen, mache hopp,
Und wenn ich dich bitte,
Dann halte, stopp!
Denn ziehst mir du
Den Wagen heim,
Dann werden wir bald
Im Warmen sein.

Ich hab ein altes Steckenpferd

Ich hab ein altes Steckenpferd,
Ich reite es voll Stolz.
Der Kopf voll Stroh,
Der Rumpf aus Holz –
Sein Name, der ist Gerd.

Der Löwe und das Einhorn

Der Löwe und das Einhorn, die kämpften um die Kron.
Der Löwe und das Einhorn,
Die rauften um den Lohn.
Manche gaben ihnen Kraft
Mit Fleisch und süßen Früchten.
Manche wussten keinen Rat,
Trommelten und mussten flüchten.

Zu Pferde

Hopp, hopp, hopp zu Pferde,
Wir reiten um die Erde.
Die Sonne reitet hinterdrein,
Wie wird sie abends müde sein.

Maria hatt' ein kleines Lamm

Maria hatt' ein kleines Lamm,
Das Tier, das war ihr treu,
Denn überall, wo Maria war,
War das Lämmchen mit dabei.
Es kam auch mit zum Unterricht,
Was den Lehrern nicht gefiel.
Denn wenn das Lamm zur Schule kam,
Gab's statt Lernen nur noch Spiel.

Holli und Tolli

Holli und Tolli sind zwei Eisbären. Sie leben hoch oben im kalten Norden, wo sie liebend gerne den ganzen Tag lang in Eis und Schnee spielen.

Eines Tages, als die beiden kleinen Eisbären müde sind, suchen sie sich einen Platz zum Ausruhen. „Der große graue Felsen dort drüben sieht gut aus!“, sagt Holli und zeigt zum Meer. „Oh ja“, sagt Tolli. „Der ist schön rund!“

Holli und Tolli springen durchs Wasser und klettern auf den großen runden Felsen. Hier können sie eine Weile ausruhen. Die beiden Bären strecken sich und gähnen. Und kurze Zeit später sind sie eingeschlafen.

Es ist dunkel geworden. Der Mond ist aufgegangen, groß und rund und silbern. Und die Sterne blinken am Himmel. Plötzlich bewegt sich der Felsen!

Er gleitet hinaus aufs offene Meer, vorbei an Eisschollen und Eisbergen. Der graue Felsen ist gar kein Felsen. Es ist ein Buckelwal, der keine Ahnung hat, dass zwei kleine Bären auf seinem Rücken schlafen! Der Wal beschließt zu tauchen. Das eiskalte Wasser rauscht an ihm vorbei.

„I-Iiiih!“, schreien Holli und Tolli, als sie im kalten Wasser aufwachen. Der Wal hört die Schreie der beiden und taucht zur Wasseroberfläche zurück.

„Was macht ihr denn hier mitten in der Nacht?“, fragt er.

„Das wissen wir nicht!“, sagen beide gleichzeitig. Dann fangen sie an zu weinen.

„Na, dann bring ich euch lieber nach Hause“, sagt der Wal. Die Bären klettern auf den Walrücken.

„Dein Rücken sieht fast aus wie der graue Felsen, auf dem wir eingeschlafen sind“, sagt Holli.

„Ich glaube, dein Rücken IST der graue Felsen, auf dem wir geschlafen haben!“, sagt Tolli. Die beiden kleinen Bären genießen die Fahrt im Mondschein, bald werden sie wieder in Sicherheit sein.

„Leb wohl!“, rufen Holli und Tolli wieder an Land und träumen in dieser Nacht von ihrem großen Abenteuer.

Das neugierige Kätzchen

Flöckchen war eine kleine Katze. Eines Tages sah sie, wie Mama Ente ihre Küken über den Hof führte.

„Wie ist es wohl, eine Ente zu sein?“, fragte sie sich. Sie wackelte also hinter den Küken her und versuchte zu quaken – aber heraus kam nur ein seltsames „Miek!“.

Als die Küken am Flussufer Gras knabberten, probierte sie es auch, musste davon aber husten. Dann folgten die Küken ihrer Mama ins Wasser.

„Das sieht einfach aus“, dachte sie und sprang – PLATSCH! – hinterher. Da musste Flöckchen feststellen, dass Schwimmen doch nicht so einfach ist.

Glücklicherweise war Taro, der Hütehund, gerade in der Nähe. Er sprang ins Wasser und zog sie heraus, bevor ihr etwas passieren konnte.

Als Flöckchen sich etwas erholt hatte, kroch sie nach Hause und rollte sich vor dem Kaminfeuer zusammen.

„Ich glaube, ich bin viel lieber ein Kätzchen als eine Ente“, schnurrte sie.

Schnippi-schnapp

Eene, meene, eins, zwei, drei,
Krabbe zwickt dich in den Zeh – auwei!
Lässt gleich los, du machst ein Geschrei,
Eene, meene, eins, zwei, drei.

Schnappi-schnipp und schnippi-schnapp,
Pass gut auf, tauchst du hinab,
Sonst fängt dich die kleine Krabb',
Schnappi-schnipp und schnippi-schnapp.

Schneewittchen und die sieben Zwerge

Es war einmal eine Königin, die wünschte sich eine Tochter. Eines Tages stach sie sich beim Nähen in den Finger. Drei Tropfen Blut fielen herab, und sie dachte: „Ich wünschte, ich hätte eine Tochter mit Lippen so rot wie Blut, Haar so schwarz wie das Ebenholz des Fensterrahmens und Haut so weiß wie der Schnee draußen." Nicht lange darauf gebar sie ein wunderschönes kleines Mädchen mit blutroten Lippen, Haar so schwarz wie Ebenholz und Haut so weiß wie Schnee. „Ich werde dich Schneewittchen nennen", flüsterte die Königin ihrem Baby zu.

Doch bald darauf starb sie, und der König heiratete erneut. Seine neue Frau war sehr schön, aber auch sehr eitel. Sie besaß einen Zauberspiegel. Jeden Tag schaute sie hinein und fragte:

„Spieglein, Spieglein an der Wand,
wer ist die Schönste im ganzen Land?"

Und der Spiegel antwortete stets:

„Frau Königin, Ihr seid die Schönste im Land."

Als Schneewittchen mit jedem Tag schöner wurde, fragte ihre eifersüchtige Stiefmutter wieder ihren Spiegel:

„Spieglein, Spieglein an der Wand,
wer ist die Schönste im ganzen Land?"

Und der Spiegel antwortete:

„Frau Königin, Ihr seid die Schönste hier,
doch Schneewittchen ist tausendmal schöner als Ihr."

Die Königin wurde wütend und befahl ihrem Jäger: „Bringe Schneewittchen in den Wald und töte sie!" Der Jäger aber bekam Mitleid und ließ sie im Wald gehen. Als es dunkel wurde, kam Schneewittchen zu einem kleinen Häuschen. Sie klopfte an die Tür, aber niemand antwortete. Sie war so müde, dass sie trotzdem hineinging. Drinnen fand sie einen Tisch, der für sieben gedeckt war,

und ein Schlafzimmer mit sieben Bettchen. Schneewittchen legte sich auf das siebte Bett und schlief ein. Als sie erwachte, standen sieben kleine Männlein verwundert um sie herum. „Wer seid ihr?", fragte sie. „Wir sind die sieben Zwerge, die hier wohnen", sagte eines der Männlein. „Und wer bist du?"

„Ich bin Schneewittchen", antwortete sie. Als sie den Zwergen ihre Geschichte erzählte, waren sie entsetzt. „Du kannst hier bei uns bleiben", sagte der älteste Zwerg. Und so gingen die Zwerge jeden Tag zur Arbeit, und Schneewittchen blieb im Häuschen, um für sie zu kochen und zu putzen. „Öffne niemandem die Tür!", warnten sie sie jeden Morgen. Sie fürchteten, die Königin würde versuchen, sie zu finden. Unterdessen fragte die böse Königin ihren Spiegel, und dieser antwortete:

„Frau Königin, Ihr seid die Schönste hier.
Aber Schneewittchen über den Bergen bei
den sieben Zwergen ist noch tausendmal schöner als Ihr."

Die böse Königin schwor, Schneewittchen selbst zu töten. Sie vergiftete einen Apfel, verkleidete sich als Hausiererin und ging in den Wald hinein. „Wer möchte frische Äpfel kaufen?", rief sie und klopfte an die Tür des Zwergenhauses. Schneewittchen öffnete die Tür nicht, schaute aber aus dem Fenster. Als die verkleidete Königin ihr einen Apfel anbot, nahm Schneewittchen einen Bissen. Das vergiftete Apfelstück steckte in ihrem Hals fest, und sie fiel zu Boden.

Als die sieben Zwerge zurückkamen, waren sie untröstlich darüber, dass ihr geliebtes Schneewittchen tot war. So groß war ihre Trauer, dass sie es nicht ertrugen, es zu begraben. Die Zwerge machten für Schneewittchen einen Glassarg, den sie in den Wald stellten, wo sie abwechselnd über sie wachten.

Eines Tages ritt ein Prinz vorbei. Die Zwerge erzählten dem Prinzen Schneewittchens traurige Geschichte. „Bitte lasst mich sie mitnehmen“, bat der Prinz. Als die Diener des Prinzen den Sarg hochhoben, glitt er ihnen aus den Händen. Der Stoß löste das Apfelstück aus Schneewittchens Hals – und sie wurde wieder lebendig!

Als Schneewittchen den hübschen Prinzen sah, verliebte sie sich in ihn. Schon bald heirateten die beiden. Die Zwerge kamen mit in das Schloss des Prinzen, und so lebten sie alle zusammen glücklich und zufrieden bis an ihr Lebensende.

Dschungelballett

Milly Äffchen mochte die Dunkelheit nicht. Sie versuchte wegzuschauen, aber überall um sie herum war es dunkel.

„Du brauchst keine Angst vor der Dunkelheit zu haben", sagte Großmama Äffchen zu ihr. „Weißt du, was nachts passiert, wenn die Sterne herauskommen?" Milly schüttelte den Kopf. „Manchmal führt der Dschungel ein Zauberballett auf", flüsterte Großmama Äffchen. „Kleine Lichter wirbeln umher und tanzen, aber du kannst sie nur sehen, wenn du im Bett liegst." Milly wollte das Ballett unbedingt sehen. Artig kletterte sie in ihr Bett und sagte Gute Nacht. Dann sang Großmama ihr ein schönes Schlaflied vor. Das Lied lockte alle Glühkäfer des Dschungels an, und sie tanzen um Millys Kopf herum, bis sie einschlief.

Am nächsten Tag sagte Milly zu Großmama Äffchen: „Du hattest recht. Die Dunkelheit macht mir keine Angst. Sie ist bezaubernd." Und Großmama schenkte ihr ein weises Lächeln.

Vogel Strauß

Der Vogel Strauß ist groß und kräftig,
Seine Eier sind gar mächtig.
Lange Bein, schnelle Schritte,
Vorsicht, vor dem heft'gen Tritte.

Er steckt den Kopf mal in den Sand,
Ist er nicht schon weggerannt.
Verliert die Federn dann vor Wut,
Die Damen tragen sie am Hut.

Beim Menschen sieht es ähnlich aus,
Wir machen nach den Vogel Strauß.
Stecken den Kopf auch in den Sand,
Nur wirkt das nicht so elegant.

Das perfekte Haustier

Emily besuchte ihre Freundin Elsie, um sich einen Welpen auszusuchen. Die meisten Welpen sprangen herum, bellten und purzelten übereinander. Aber ein Welpe drückte sich gegen Emilys Beine und leckte an ihren Knien.

„Dieser gefällt mir", sagte Emily. „Bist du sicher?", fragte Elsie. „Rusty jagt keinem Stock nach, und er rennt auch nicht herum wie die anderen Welpen." Rusty ließ die Ohren hängen und presste sich enger an Emily. Es stimmte, dass er nicht wie die anderen war. Aber Emily schaute in seine traurigen Augen und lächelte ihn an. „Schau, wie sanft und wie süß er ist", sagte sie und kraulte Rustys Ohren. „Er ist das perfekte Haustier für mich!" Rustys Herz hüpfte vor Glück, und er wedelte mit seinem kurzen Schwanz. Und Emily wusste, dass sie das beste Haustier der Welt gefunden hatte.

Kleine Katzen

Kleine Katzen sind so drollig
Und so wollig und so mollig,
Dass man sie am liebsten küsst.
Aber auch die kleinen Katzen
Haben Tatzen, welche kratzen.
Also Vorsicht! Dass ihr's wisst!

Kleine Katzen wollen tollen
Und wie Wolleknäuel rollen.
Das sieht sehr possierlich aus.
Doch die kleinen Katzen wollen
Bei dem Tollen und dem Rollen
Fangen lernen eine Maus.

Kleine Katzen sind so niedlich
Und so friedlich und gemütlich.
Aber schaut sie richtig an:
Jedes Sätzchen auf den Tätzchen
Hilft, dass aus dem süßen Kätzchen
Mal ein Raubtier werden kann.

Die Stadtmaus und die Landmaus

Eines Tages besuchte die Stadtmaus ihre Cousine auf dem Land. Die Landmaus freute sich sehr, ihre Verwandte zu sehen, und nahm sie freundlich auf. Sie hatte zwar nur einfache Lebensmittel in ihrer Speisekammer, bot aber ihrer Cousine alles an, was sie hatte: Erbsen, Gerste, Nüsse und Käse.

Doch die Stadtmaus knabberte nur unwillig an ihrer Mahlzeit herum, während sich die Landmaus an einem Halm Gerstenstroh gütlich tat.

„Ich weiß nicht, wie du dieses langweilige Essen ertragen kannst“, sagte die Stadtmaus schließlich. „Dein ganzes Leben hier ist langweilig. In der Stadt ist es viel lustiger. In den Straßen gibt es überall Kutschen und schick gekleidete Menschen und das beste Essen. Warum besuchst du mich nicht einmal?“

Also packte die Landmaus ihren Koffer und machte sich mit der Stadtmaus auf den Weg.

Als sie die Stadt erreichten, war es schon dunkel, und die Landmaus war von den hellen Lichtern geblendet. Endlich schlüpften die beiden Mäuse in das Haus, in dem die Stadtmaus lebte.

Die Landmaus bestaunte die Samtstühle und die eleganten Möbel. Auf dem Esstisch standen die Reste eines Festessens. Nachdem die Stadtmaus ihrer Cousine einen Platz angeboten hatte, lief sie hin und her und bot ihr die wunderbarsten Köstlichkeiten zum Probieren an: Hummer, Wild in Rotweinsauce und – obwohl die Landmaus sich schon kaum noch bewegen konnte – Erdbeerkuchen mit Sahne.

Plötzlich schlug die Tür laut zu, und ein paar laute junge Männer mit zwei großen Hunden stürmten in den Raum. Die verschreckten Mäuse flohen, versteckten sich unter dem Schrank und zitterten vor Angst. Als die Männer zu Bett gingen und die Hunde sich hinlegten, krochen die Mäuse aus ihrem Versteck.

„Auf Wiedersehen, Cousine", flüsterte die Landmaus. „Das feine Leben ist zwar schön und gut, aber ich esse lieber in Frieden ein paar Brotkrumen, als ständig in Angst zu leben."

Und die Moral von der Geschichte? Ein einfaches Leben in Frieden ist besser als ein luxuriöses in Angst und Schrecken.

Die Wunder-Unterhosen

Ist es ein Adler? Ist es ein Flieger?
Nein, es ist Wunder-Unterhosen-Waldi im
Rettungseinsatz wieder!
Egal, ob es regnet, stürmt, schauert oder schneit,
Seine Wunder-Unterhosen-Power ist stets bereit.
„Ein Elefant hat sich auf unser Nest gesetzt!“, heult laut die Mau
„Kein Problem!“, sagt Waldi.
ZAPP! Da steht das Wunderhosen-Haus.

Meckert das Känguru:
„Ich musste mich die ganze Nacht lang heftig kratzen!“
ZAPP! In dieser Wunderhosen-Hängematte
Ist’s besser als auf Ameisen-Matratzen!

Dem Eisbär-Baby ist der bitterkalte Wind gar nicht egal.
ZAPP! Schon geht’s besser mit warmem Wunderhosen-Schal!

Ein großes Loch im Netz. Der Fischer brüllt: „Was mach ich bloß?“
ZAPP! „Danke, Wunderhose! Ich hatt’ noch nie ’nen Fang so groß!“

„Hiiiilfe! Ich falle schnell! Ich falle tief“,
Schreit aufgeregt die Königin.
Aber mit Wunderhosen-Fallschirm
Kriegt sie die Landung sicher hin!

Wunderhosen-Waldi das Feuer
Schnell löschen muss,
Aber keine Bange – er löscht es mit
Einem WUNDERHOSEN-GUSS!

Aber das ist noch nicht von Waldis Wunderhosen-Tag das Ende…
Da kommt ein Raumschiff aus fremden Welten ganz behände!
Die bösen Kreaturen grinsen, reiben sich die Hände:
„Wir erobern die ganze Welt, und das ist euer Ende!“

Stellt euch die dummen Gesichter der Fremden vor,
Als Waldi eine Wunderhosen-Schleuder zieht hervor.
Und ZAPP! Da fliegt das Raumschiff zurück ins tiefe All.
„Wunder-Unterhosen-Waldi ist toll!“, schallt’s überall.

Eine Bootsfahrt, die ist lustig

Eine Bootsfahrt, die ist lustig,
Eine Bootsfahrt, die ist schön.
Denn da kann man vom Wasser aus
Die Welt vorbeiziehn sehn.

Eins, zwei, drei, vier

Eins, zwei, drei, vier,
Einen Fisch, den fang ich mir.
Fünf, sechs, sieben, acht,
Hab ihn wieder losgemacht.
Neun und zehn –
Ich lass ihn wieder gehn:
Denn tief in die Augen
Hab ich ihm gesehn!

Kleiner roter Kater

Kleiner roter Kater, wo warst du so lang?
Bei der Königin in London
Auf einem Empfang.
Kleiner roter Kater,
Trafst du auch ihren Sohn?
Nein, nur ein ängstlich Mäuslein
Unter dem Thron.

Kätzchen, mein Kätzchen

Kätzchen, mein Kätzchen,
Wo willst du denn hin?
Ich will nach London
Zur Königin.
Kätzchen, mein Kätzchen,
Was willst du denn da?
Eine Maus erschrecken
Mit Miau und Trara!

Die eitle Krähe

Es war einmal eine Krähe, die weit von zu Hause zwei Pfauen in einem wunderschönen Garten erspähte. Die Krähe hatte nie zuvor solch farbenprächtige Federn gesehen und fragte die beiden Vögel, was sie seien. „Wir sind Pfauen", antworteten sie und präsentierten stolz ihr prächtiges Federrad.

Die Krähe flog davon. Sie schämte sich ihrer einfachen schwarzen Federn und wünschte sich, sie würde wie die Pfauen aussehen.

Eines Tages erblickte die Krähe eine Pfauenfeder auf dem Boden. Die Krähe hob sie auf und brachte sie in ihr Nest. Am nächsten Tag kehrte sie zu der Stelle zurück und fand eine weitere Feder. Jeden Tag kam sie nun wieder und sammelte die Federn ein.

Dann steckte sich die Krähe die Federn zwischen ihre Schwanzfedern und stolzierte damit vor den anderen Krähen auf und ab. Aber anstatt beeindruckt zu sein, lachten die anderen Krähen nur und meinten, sie sähe lächerlich aus.

„Das ist mir egal. Ich gehöre jetzt nicht mehr zu euch langweiligen Krähen", antwortete die eitle Krähe. „Ich fliege zurück in den wunderschönen Garten."

Also flog die Krähe wieder zu den Pfauen. Sie war sicher, sie würden sie willkommen heißen. Aber die Pfauen riefen: „Du gehörst nicht zu uns!“ Dann pickten sie nach ihr, bis ihr keine andere Wahl mehr blieb, als nach Hause zu fliegen.

Der Krähe war nun klar, dass sie nicht vorgeben konnte, jemand zu sein, der sie gar nicht war. Aber auch die Krähen vertrieben sie, als sie nach Hause kam. „Du gehörst nicht zu uns!“, krähten sie. Da flog die eitle Krähe traurig und allein davon.

Und die Moral von der Geschichte? Sei zufrieden mit dem, was du bist.

Wo ist mein Teddy?

Ich habe einen Teddy,
Der immer bei mir ist.
Doch hab ich ihn verloren
Und ihn schon sehr vermisst.

Ich suche hinterm Sofa
Und unter jedem Stein,
Such überall im Garten …
Wo kann mein Teddy sein?

Ich suche unterm Sessel
Und schließlich auch im Klo.
Ach, wo ist nur mein Teddy,
Ich find ihn nirgendwo!

Dann geh ich in die Küche
Und brech in Lachen aus:
Mein Teddy wurd gewaschen …
Und sieht ganz fröhlich aus!

Das Ei

Der kleine Papagei lebte mit seiner Mama und einem großen weißen Ei in einem Nest. Eines Tages sagte Mama Papagei: „Ich gehe Futter suchen. Pass du auf das Ei auf, bis ich wiederkomme."

Der kleine Papagei sah das Ei lange an. Er rückte ein wenig, damit es genug Platz hatte. Er schlang seine Flügelchen um das Ei, damit es warm blieb. Dann gab er ihm einen Kuss. „Ich kann gut auf Eier aufpassen", quiekte er.

Genau in dem Moment hörte er ein Pochen im Ei, und dann … KNACK! ... zerbrach das Ei.

Mama würde wütend sein! Aber als Mama wiederkam, war sie überhaupt nicht wütend. „Nur keine Angst", sagte sie, als ein kleiner Papagei aus dem zerbrochenen Ei hervorlugte. „Dein Schwesterchen schlüpft gerade aus dem Ei. Jetzt hast du jemanden zum Spielen!"

Hans und die Bohnenranke

Es war einmal ein Junge namens Hans, der lebte bei seiner Mutter. Sie waren so arm, dass sie alles verkaufen mussten, um etwas zu essen zu haben. Eines Tages sagte Hans' Mutter zu ihm: „Wir müssen Bella, unsere alte Kuh, verkaufen. Bring sie zum Markt, Hans, und denke daran, einen guten Preis auszuhandeln."

Also brachte Hans Bella zum Markt. Es dauerte nicht lange, als ein alter Mann auftauchte. „Willst du diese schöne Kuh verkaufen?", fragte der Mann. „Ja", sagte Hans.

„Nun, ich gebe dir dafür diese Zauberbohnen", sagte der Mann. „Sie sehen unscheinbar aus, aber wenn du sie vergräbst, wirst du bald reich sein." Reich werden hörte sich gut an! Er gab Bella dem Mann und nahm die Bohnen.

Als er seiner Mutter die Bohnen zeigte, wurde sie wütend.

„Du dummer Junge! Geh auf dein Zimmer!", schrie sie und warf die Bohnen aus dem Fenster.

Als Hans am nächsten Morgen erwachte, war es sonderbar dunkel im Zimmer, und alles, was er durchs Fenster erspähen konnte, waren die Blätter einer riesigen Pflanze – einer so hohen Pflanze, dass er das obere Ende gar nicht sehen konnte.

„Das muss eine verzauberte Bohnenranke sein", rief Hans und begann, an der Ranke emporzuklettern. Ganz oben war ein riesengroßes Haus. Hans knurrte der Magen vor Hunger, und so klopfte er an der riesengroßen Tür. Eine Riesin öffnete.

„Bitte, könnte ich etwas Frühstück bekommen?", fragte Hans höflich. „Du wirst selbst Frühstück sein, wenn mein Mann dich findet!", sagte die Frau des Riesen. Doch Hans bettelte und bat, und schließlich ließ sie ihn herein und gab ihm etwas Brot und Milch. Die Frau des Riesen hatte Hans gerade gezeigt, wo er sich verstecken konnte, als der Riese schlecht gelaunt nach Hause kam.

„Ich rieche Menschenfleisch!", brüllte der Riese. „Du dummer Mann", sagte seine Frau. „Du riechst die Würstchen, die ich dir zum Frühstück gebraten habe." Der Riese aß ein riesengroßes Frühstück, und dann begann er, die riesigen Goldmünzen aus seiner Schatztruhe zu zählen. Das Zählen machte ihn müde, und er schlief ein.

Schnell wie der Blitz griff sich Hans zwei der großen Goldmünzen und kletterte die Bohnenranke wieder hinab.

Seine Mutter freute sich sehr über das Gold!

„Du schlauer Junge, Hans!“, lachte sie. „Wir werden nie wieder arm sein!“

Doch es dauerte nicht lange, und sie hatten das ganze Geld ausgegeben. Da beschloss der Junge, wieder an der Bohnenranke emporzuklettern. Wie beim ersten Mal klopfte Hans an die Tür und fragte die Frau des Riesen nach etwas zu essen. Er bettelte und bat, und schließlich ließ sie ihn ein. Sie gab ihm etwas Brot und Milch und versteckte ihn im Schrank, gerade als der Riese heimkam.

Als der Riese ein riesengroßes Mittagessen verzehrt hatte, brachte ihm seine Frau sein Hühnchen. „Lege Eier!“, schrie der Riese, und die Henne legte ein goldenes Ei. Zehn Eier legte sie, bevor der Riese zu schnarchen anfing.

Hans konnte sein Glück kaum fassen! Schnell wie der Blitz griff er sich die Henne und rannte davon.

Obwohl Hans und seine Mutter nun reicher waren als in ihren wildesten Träumen, konnte Hans nicht anders – er beschloss, noch einmal die Bohnenranke emporzuklettern.

Dieses Mal wusste Hans, dass ihn die Frau des Riesen nicht einlassen würde, und so schlich er hinein, als sie nicht hinschaute, und versteckte sich schnell im Schrank. Wie immer kam der Riese heim und aß ein riesengroßes Abendbrot. Dann brachte ihm seine Frau seine Zauberharfe.

„Spiel!", brüllte er, und die Harfe begann zu spielen. Es war so schöne Musik, dass der Riese in Rekordzeit einschlief!

Hans griff sich die Harfe und rannte los, aber die Harfe rief: „Meister! Helft!" Der Riese wachte sogleich auf und rannte hinter Hans her. Der Junge rutschte die Bohnenranke so schnell hinunter wie nie zuvor, doch der Riese holte auf!

„Mutter, bring mir die Axt!", schrie Hans, als er unten ankam. Dann hieb er mit aller Kraft auf die Bohnenranke ein. Knarz! Ächz! Der Riese kletterte rasch wieder nach oben, kurz bevor die Bohnenranke zu Boden krachte.

Als seine Mutter die Harfe spielen hörte, umarmte sie Hans! Und die beiden lebten glücklich bis an ihr Lebensende.

Das verschollene Tal

Mitten im Dschungel lag ein verschollenes Tal, das, seit es Leben auf der Erde gab, noch nie jemand betreten hatte. Es kursierten nämlich Geschichten, nach denen furchterregende Monster durch die üppigen Wälder streiften. Dort lebte der letzte Dinosaurier der Welt, Diplodokus.

Eines Tages hörte der Grausame Gregor, der Zirkusdirektor, auf seiner Suche nach neuen Tieren für seinen Zirkus von dem Tal. „Vielleicht lässt sich mit dem Monster jede Menge Geld verdienen", dachte er gierig und beschloss, das Tal zu suchen.

Gregor bewaffnete sich mit einem Betäubungsgewehr und fuhr in einem Schlauchboot den Fluss hinunter. Und je tiefer er in den Dschungel eindrang, umso dichter und wilder wurde er.

Eines Morgens begann plötzlich der Boden zu zittern. Die Bäume bogen sich auseinander, und ein riesiges Lebewesen brach sich den Weg durch den Dschungel. Doch statt um sein Leben zu rennen, schrie Gregor: „Hier herüber!" Diplodokus hörte ihn nicht.

Gregors Schreie klangen in seinen Ohren wie ein leises Quietschen von weit her. Allerdings hatte er das orangefarbene Schlauchboot entdeckt – und ging direkt darauf zu.

Gregor feuerte einige Pfeile aus seinem Betäubungsgewehr auf das Riesentier ab und wartete darauf, dass es umkippte.

Diplodokus schüttelte sich nur ein wenig und sah leicht verärgert aus. Er betrachtete den Winzling, der ihn piesackte, senkte den Kopf und packte ihn mit dem Maul. Doch da er ein Pflanzenfresser war, hatte Diplodokus gar keinen Appetit auf Gregor. Stattdessen schleuderte er ihn fort, schnappte sich anschließend das Schlauchboot und warf es hinterher.

Gregor flog weit über das Tal hinaus bis hinter die Berge. Er hatte mehr Glück als Verstand und landete, unbeschadet, mitten in einem weit entfernten See. Sein Schlauchboot fiel direkt neben ihm ins Wasser. Er wurde nie mehr in der Nähe des verschollenen Tals gesehen. Und Diplodokus lebte noch viele, viele Jahre glücklich und unbehelligt.

Können Marienkäfer ihre Punkte ändern?

Matti, der Marienkäfer, und sein Freund Richy stellten sich gerne gegenseitig Aufgaben. Je schwieriger, desto besser.

„Ich fordere dich heraus, deine Punkte zu ändern“, sagte Richy eines Morgens.

„Das geht nicht“, antwortete Matti.

Aber Richy lachte nur. Da dachte Matti nach und hatte eine Idee. Er flog im Garten umher und sammelte bunte Blütenblätter und winzige gemusterte Blätter. Dann nahm er Grashalme, um die Dekoration an seinen Flügeln zu befestigen. Als er zu Richy zurückflog, war er mit bunten Farbklecksen und Streifen bedeckt.

„Wer bist du?“, fragte Richy. „So einen Käfer wie dich habe ich noch nie gesehen!“

„Ich bin’s!“, kicherte Matti.

Richy kicherte auch. Er nahm sich ebenfalls ein paar Blätter, und so spielten sie zusammen Verkleiden, bis sie müde wurden.

„Morgen bin ich dran, dir eine Aufgabe zu stellen“, sagte Matti und schlief ein.

Mutter Heller

Die alte Mutter Heller
Lebte in einem Kohlenkeller
Allein mit Katze und Hund.
Wer weiß, was sie dort aß,
Was der Hund, was die Katze fraß?
Auf jeden Fall lebten sie nicht gesund.

Die Fliege

Die Fliege flog in den Hals
Einer alten Dame, die daraufhin aß
Drei Brote mit Schmalz.

Erbsen

Erbsen in der Schote eingesperrt:
Wächst eine, wird sogleich
Heftig gedrückt und gezerrt.
Wachsen zwei, drei,
Gibt's drinnen kein Halt –
Bis eines schönen Tages die Schote ...
KNALLT!

Bei uns im Haus

Bei uns im Hause
Wohnt auch Frau Krause.
Sie backt schönen Kuchen.
Wer geht sie besuchen?

Bum, bam, beier

Bum, bam, beier,
Die Katz mag keine Eier,
Was mag sie dann?
Speck aus der Pfann!
Ei, wie lecker schmeckt's
Unserem Mann!

Fünf Würstchen

Fünf Würstchen in der Pfanne,
Dick und krumm,
Braten vor sich hin.
Plötzlich macht es bumm!
Vier Würstchen in der Pfanne …
(Zähle runter bis zwei.)
Ein Würstchen in der Pfanne,
Dick und krumm, brät vor sich hin –
Plötzlich macht es bumm!

Backe, backe, Bäckersmann

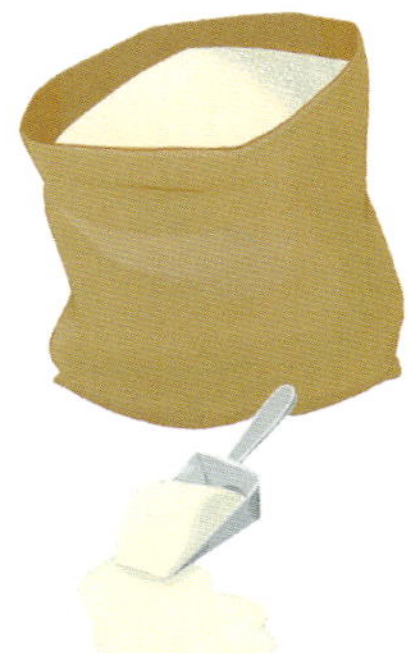

Backe, backe, Bäckersmann,
Back mir einen Kuchen
Mit Zucker und Safran.
Tu Früchte rein und Sahne,
Obendrauf ein B –
Für Berthold und Bettina:
Prima Geschenkidee!

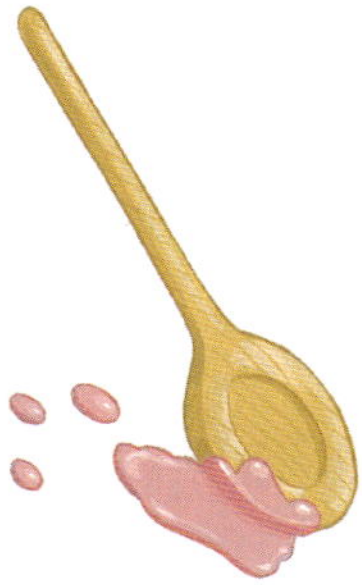

Hardy liest gern

Hardy Hase liebte Bücher. Er las Geschichten von Prinzen und Piraten, von Hexen und Zauberern … er las Bücher über Züge … und Dinosaurier. Eines Tages kamen Hardys Freunde vorbei und wollten mit ihm spielen. Aber Hardy winkte ab. „Erst wenn ich mein Buch ausgelesen habe. Es ist über Piraten!“, sagte er.

„Bücher sind langweilig!“, quakte Fritzi, der Frosch. „Warum soll man lesen, wenn man Bockspringen spielen kann?“

„Fangen macht mehr Spaß“, sagte Max, die Maus.

„Hör nicht auf sie, Hardy“, erwiderte Erik, das Eichhörnchen. „Mir gefallen Bücher am besten!“

„Wirklich?“, fragte Hardy.

„Ja“, sagte Erik und grinste. „Bücher sind das Beste – zum Knabbern!“

Hardys Schwester Bella wollte nach draußen. Aber es regnete. Die Freunde schauten trübsinnig aus dem Fenster. „Warum lest ihr nicht ein paar meiner Bücher?“, fragte Hardy und nahm ein Buch aus seiner Kiste.

„In dieser Geschichte kommt ein großes Gewitter vor“, erklärte er. „Es geht um Piraten, die nach einem vergrabenen Schatz suchen.“

„Ein vergrabener Schatz?“, fragte Erik. „Nüsse und Eicheln? Hmmmm!“

„Nicht wirklich“, antwortete Hardy. „Aber es ist sehr spannend. Schaut es euch mal an.“

„Ich glaube, etwas Besseres können wir gerade nicht machen“, seufzte Erik.

„Frösche hassen es, im Haus eingesperrt zu sein!“, grummelte Fritzi.

„Dieses Buch handelt von einem Prinzen, der in einen Frosch verwandelt wird“, sagte Hardy.

„Gut für ihn“, meinte Fritzi. „Wird er danach wieder ein Prinz?“

„Lies es und finde es heraus“, grinste Hardy.

„Drinnen eingesperrt zu sein macht müde“, fand Max. Hardy gab Max ein Buch.

„Die Prinzessin in diesem Buch schläft hundert Jahre“, sagte Hardy.

„Echt? Wie wacht sie wieder auf?“

„Lies es selbst!“, sagte Hardy.

„Aber ich könnte einschlafen, bevor ich fertig bin.“

„Mir ist langweilig. Ich esse einen Keks“, sagte Bella. „He, Hardy, deine Kiste steht im Weg!“

„Kannst du nicht einfach drüberspringen?“

„Nur wenn ich einen riesigen Schritt mache“, sagte Bella.

„Wie ein Dinosaurier“, meinte Hardy. „Manche von denen waren größer als Häuser!“

Hardy schaute aus dem Fenster. „Leute, es hat aufgehört zu regnen!“, rief er. „Wer kommt mir raus spielen?“

„Sch! Ich lese noch. Die Piraten haben den Schatz noch nicht gefunden!“, sagte Erik.

„Und der Prinz ist noch ein Frosch“, quakte Fritzi.

„Und der tapfere Ritter sucht immer noch die schlafende Prinzessin!“, rief Max.

„Und ich muss noch etwas über Tyrannosaurus Rex lesen“, lachte Bella.

„Also, was wollt ihr draußen spielen?“, fragte Hardy, als seine Freunde die Bücher ausgelesen hatten. „Hüpfekästchen? Bockspringen? Fangen?“

„Lass uns Zaubern spielen. Wenn du mir einen Kuss gibst, verwandle ich mich in eine Prinzessin“, sagte Fritzi.

„Igitt!“, meinte Erik. „Lass uns lieber Piraten spielen!“

„Aufgepasst“, sagte Bella, „ich bin ein Tyrannosaurus Rex. ROOOAAA!“

„Und ich gehe die verzauberte Prinzessin suchen!“, rief Max.

Sie spielten Piraten, Dinosaurier, Prinz und Prinzessin, bis es Zeit war, nach Hause zu gehen. „Hast du noch mehr Bücher über Dinosaurier?“, fragte Bella.

„Na klar“, antwortete Hardy.

„Und über Frösche?“, fragte Fritzi.

„Ja“, sagte Hardy, „und auch über Kröten.“

„Und noch mehr über Hexen und Zauberer?“, wollte Max wissen.

„Massig!“

„Kann ich mir noch eine Piratengeschichte ausleihen?“, fragte Erik.

„Natürlich“, lachte Hardy, „wenn du sie nicht auffrisst!“

Klausi-Mausi

Klausi-Mausi war frech und gemein,
Er küsste die Mädchen, die fing'n an zu schrei'n.
Doch kamen Jungs und wollten mit ihm raufen –
Wie schnell konnte Klausi-Mausi da laufen!

Admiral Blauhut

Admiral Blauhut auf einem Pony
Kam geritten in unsere Stadt.
Am Hut die Feder nannt er Makkaroni …
Seine Dummheiten hatten wir bald satt!

Der Hund

Der Hund, der nass im Regen wurde,
Empfand die Nässigkeit als Bürde
Und wünschte sich ein Taschentuch,
Um sich zumindestens die Nase –
Stattdessen wälzt er sich im Grase,
Doch mit Misserfolg,
Da dies ihm nur auch Nässe ließ.

Ferien

Wir fahren in die Ferien –
Was für eine Wonne!
Vielleicht regnet's,
Vielleicht aber scheint die Sonne.
Doch wir machen's uns nett
Und jeden Tag netter –
Egal wie es wird, das Wetter!

Zeigt her eure Füße

Zeigt her eure Füße,
Zeigt her eure Schuh
Und schauet den fleißigen
Waschfrauen zu.

Rumpelstilzchen

Es war einmal ein armer Müller, der den König beeindrucken wollte. „Meine Tochter kann Stroh zu Gold spinnen!“, log der Müller. „Das will ich sehen!“, sagte der König und führte die Müllerstochter in ein Zimmer voller Stroh. „Spinne dieses Stroh bis morgen früh zu Gold!“, befahl er und ging.

Die arme Müllerstochter weinte bitterlich über die unmögliche Aufgabe. Plötzlich kam ein seltsamer kleiner Mann herein. „Wenn du mir deine Halskette gibst, werde ich das Stroh zu Gold spinnen“, sagte das Männlein. Das Mädchen gab ihm die Halskette, und das Männlein spann alles Stroh zu Gold.

Am nächsten Tag brachte der erfreute König die Müllerstochter in ein größeres Zimmer. Auch das war voller Stroh. „Wenn du das noch einmal tun kannst, wirst du meine Königin!“, rief der König.

Der seltsame kleine Mann erschien wieder, aber die Müllerstochter hatte nichts, was sie ihm geben konnte. „Du kannst mir dein erstgeborenes Kind geben“, sagte das Männlein. Die verzweifelte Müllerstochter willigte ein. Und wieder spann das Männlein alles Stroh zu Gold. Der König war so entzückt, dass er die Müllerstochter zur Frau nahm. Und diese vergaß bald ihr Versprechen.

Ein Jahr später bekamen König und Königin einen Sohn. Bald darauf erschien das Männlein. „Gib mir das Kind“, sagte es, „wie du versprochen hast.“ Die Königin war entsetzt. „Oh bitte, lass mir meinen Sohn“, flehte sie. Da antwortete das Männlein: „Wenn du in den nächsten drei Nächten meinen Namen errätst, darfst du dein Kind behalten.“

In beiden folgenden Nächsten erschien das seltsame Männlein wieder. Die Königin las alle Namen vor, die sie gesammelt hatte. Doch nach jedem Namen lachte es nur.

Am dritten Tag ging einer der Diener in den Wald zum Holzhacken. Dort sah er ein kleines Männlein, das um ein Feuer hüpfte und tanzte und ein Lied sang. Das ging so:

„Ach wie gut, dass niemand weiß,
dass ich Rumpelstilzchen heiß!“

Der Diener erzählte der Königin davon. Als das Männlein erschien, sagte die Königin: „Ist dein Name vielleicht … Rumpelstilzchen?“ Da wurde das Männlein fuchsteufelswild, lief es aus dem Zimmer und ward nie wieder gesehen.

Drei graue Gänse

Es waren drei graue Gänse,
Die grasten im grünen Gras.
Grau waren die Federn der Gänse.
Grün waren die Büschel Gras.

Kuckuck, kuckuck!

Kuckuck, kuckuck!
Ruft's aus dem Wald.
Lasset uns singen,
Tanzen und springen!
Frühling, Frühling
Wird es nun bald.

Drei Entchen

Drei Entchen schwimmen auf dem Teich,
Und alle drei sind flauschig weich.
Zwei schwimmen ganz normal und munter,
Das dritte steckt den Kopf grad runter,
Denn es will sich einen Happen
Unter Wasser schnell mal schnappen.

Ein kleines Känguru

Ein kleines Känguru wollte gern hüpfen
Und nie mehr in Mamas Beutel schlüpfen.
Es war auf das Hüpfen so versessen,
Dabei hat es wirklich alles vergessen.
Es hüpfte beständig auf und ab,
Mal im Galopp und mal im Trab.
Es wusste sich gar nicht mehr zu stoppen
Vor lauter Hüpfen, Springen und Hoppen.
Sein ganzes Leben bestand nur aus Springen
Und dazu mochte es lachen und singen.
Zum Schluss sprang es auf die Himmelsleiter,
Da ging dann im Himmel das Hüpfen weiter.

Die kleine Meerjungfrau

Vor langer, langer Zeit lebte unter dem Meer ein Meereskönig mit seinen sechs Meerestöchtern. „Wenn ihr einundzwanzig seid“, sagte ihr Vater, „könnt ihr an die Oberfläche schwimmen und euch die Welt über Wasser ansehen.“ Eine nach der anderen bekamen die Schwestern die Chance, nach oben zu schwimmen. Endlich war die jüngste Schwester an der Reihe. Die kleine Meerjungfrau schwamm mit großer Freude zur Oberfläche des Ozeans.

In der Nähe war ein großes Schiff. An Bord wurde ein Fest für den Prinzen gegeben. Als sie näher schwamm, um besser zu sehen, erhob sich ein Sturm, und das Schiff wurde hin und her geworfen. Der Prinz stürzte in das aufgewühlte Wasser und wäre fast ertrunken, wenn ihn nicht die kleine Meerjungfrau

gerettet hätte. Sie schwamm ans Ufer und legte den bewusstlosen Prinzen an den Strand. Seine Augen öffneten sich kurz, und er lächelte, bevor er sie wieder schloss. Menschen eilten herbei, um dem Prinzen zu helfen, und die kleine Meerjungfrau tauchte unter den Wellen durch und schwamm heim. Dort erzählte sie ihren Schwestern, dass sie sich in den Prinzen verliebt hatte. „Ich zeige dir, wo sein Schloss ist", sagte die älteste Schwester. Danach schwamm die kleine Meerjungfrau jeden Tag zur Meeresoberfläche und hoffte, einen Blick auf den Prinzen zu erhaschen.

„Vater, könnte ich zum Menschen werden, wenn ich wollte?", fragte sie den König eines Tages. „Nur wenn sich ein Mensch in dich verliebt", sagte er vorsichtig.

Die kleine Meerjungfrau konnte den Prinzen einfach nicht vergessen. Sie beschloss, die Meerhexe aufzusuchen. „Ich kann einen Trunk brauen, der dich menschlich macht", zischte die Hexe. „Aber ich nehme deine schöne Stimme als Bezahlung. Nur wenn du die wahre Liebe des Prinzen gewinnst, bekommst du deine Stimme zurück." Die kleine Meerjungfrau liebte den Prinzen so sehr, dass sie einwilligte. Sie schwamm zum Schloss und nahm den Trunk. Dann fiel sie in einen tiefen Schlaf. Als sie erwachte, lag sie am Strand, in schönen Kleidern. Wo ihr glitzernder Fischschwanz gewesen war, hatte sie nun zwei menschliche Beine. Die kleine Meerjungfrau versuchte zu stehen, aber ihre

neuen Beine wackelten, und sie stolperte im Sand. Als sie fiel, fingen zwei starke Arme sie auf. Die kleine Meerjungfrau schaute hoch. Es war der Prinz! Sie versuchte zu sprechen, aber ihre Stimme war fort, und sie konnte ihren stattlichen Retter nur anlächeln. Die stille, schöne und geheimnisvolle Fremde faszinierte den Prinzen. Sie wuchs ihm ans Herz, und er verbrachte seine Nachmittage mit ihr im Schloss. Eines Tages sagte der Prinz der kleinen Meerjungfrau, dass er eine Prinzessin heiraten würde. „Mein Eltern möchten das", seufzte er betrübt. „Doch ich liebe ein anderes Mädchen. Ich weiß nicht, wer sie ist, aber sie rettete mich einst aus dem Meer."

Die kleine Meerjungfrau war am Boden zerstört, aber ohne Stimme konnte sie dem Prinzen nicht sagen, dass sie dieses Mädchen war!

Einige Tage vor der Hochzeit bat der Prinz die kleine Meerjungfrau, mit ihm am Strand spazieren zu gehen. „Wenn ich verheiratet bin, kann ich nicht mehr so viel Zeit mit dir verbringen", sagte er zu ihr. Die kleine Meerjungfrau nickte traurig. Plötzlich erfasste eine riesige Welle den Prinzen und die kleine Meerjungfrau und zog sie aufs Meer hinaus. Ohne nachzudenken, tauchte die kleine Meerjungfrau unter die Wellen und packte den Prinzen. Als der Prinz wieder an Land war, starrte er die kleine

Meerjungfrau an. „Du bist das Mädchen, das mich damals gerettet hat!“, rief er. Die kleine Meerjungfrau lächelte und nickte. „Ich kann die Prinzessin nicht heiraten. Ich liebe dich“, seufzte er. „Willst du mich heiraten?“ Voller Freude rief sie aus: „Ja, ich will dich heiraten!“ Das glückliche Paar heiratete gleich am nächsten Tag. Die Träume der kleinen Meerjungfrau waren wahr geworden, doch sie vergaß nie ihre Familie und dass sie einst eine Meerjungfrau gewesen war.

Der kleine Elefant

Der kleine Elefant ging spazieren. Schon nach wenigen Schritten begegnete ihm ein Zebra. Der kleine Elefant hatte noch nie ein Zebra gesehen. Er starrte das gestreifte Fell des Zebras an. „Wofür hast du denn die Streifen?“, fragte der kleine Elefant. „Damit ich mich verstecken kann“, antwortete das Zebra. „Wenn ich in der Ebene im Gras stehe, kann man mich kaum sehen. Schau!“ Und das Zebra galoppierte davon, und der Elefant konnte es nicht mehr sehen und war begeistert.

Kurz darauf traf er eine Giraffe. Eine Giraffe hatte er noch nie gesehen. Der kleine Elefant betrachtete ihr hübsches Fleckenmuster. „Warum hast du so viele Flecken?“, fragte er. „Damit ich mich verstecken kann“, antwortete die Giraffe. „Wenn ich unter einem Baum stehe und das Sonnenlicht durch die Blätter fällt, kann man mich kaum erkennen. Schau, ich zeige es dir.“ Die Giraffe ging auf eine Baumgruppe

zu. Der kleine Elefant versuchte zu erkennen, wohin sie gegangen war, aber die Giraffe war verschwunden. Der kleine Elefant war beeindruckt.

„Ich dagegen kann mich nirgendwo verstecken“, dachte er traurig. „Alle können mich sehen. Ich wäre viel lieber ein Zebra oder eine Giraffe.“ Er kniete sich hin, senkte den Kopf und weinte.

Da kamen das Zebra und die Giraffe mit dem Krokodil vorbei. „Wo ist denn der kleine Elefant?“, fragte die Giraffe. „Vor einer Minute war er noch hier!“, sagte das Zebra.

„Tja, jetzt ist er jedenfalls weg“, stellte das Krokodil fest. „Hier ist nur ein dicker Felsbrocken.“

Der Felsen begann zu kichern. „Ich bin doch kein Felsbrocken, ich bin’s, der kleine Elefant!“

„Na, das ist ja ein toller Trick!“, lächelte das Zebra. „Du brauchst kein Gras oder Bäume oder Wasser, um dich zu verstecken!“, sagte die Giraffe bewundernd.

„Wir wollten gern mit dir spielen“, sagten seine neuen Freunde. „Au ja!“, rief der kleine Elefant. „Wie wär’s mit Verstecken?“

Elfen-Wettstreit

Jesima, der Schmetterling, liebte Musik über alles in der Welt. Eines Morgens wärmte Jesima ihre Flügel in der Sonne, als sie ein fröhliches Lied hörte. Eine Elfe trieb in einer Eichelschale den Fluss hinab, spielte Gitarre und sang dazu.

„Hallo!“, rief Jesima und hob ab, um der Elfe hinterherzufliegen. „Dein Lied gefällt mir!“

„Danke“, sagte die Elfe mit einem schelmischen Lächeln. „Magst du Musik?“

„Ich liebe Musik“, rief Jesima. „Es muss wundervoll sein, wenn man Gitarre spielen kann.“

„Vielleicht kannst du es lernen“, sagte die Elfe.

„Schmetterlinge können kein Musikinstrument spielen“, sagte Jesima, „aber wir können tanzen!“

„Ich wette, meine Musik ist zu schnell für dich“, sagte die Elfe. Jesima freute sich über die Herausforderung. „Ich kann zu allem tanzen!“, sagte sie. Sie begann, im Takt der Musik mit den Flügeln zu schlagen. Aber die Musik wurde schneller und schneller! Jesima ließ ihre Flügel noch mehr wirbeln und flattern, aber sie geriet außer Atem. Bald war die Musik so schnell, dass sie nicht länger mithalten konnte. Sie flatterte auf einen Felsen neben dem Fluss, keuchte und ihre Flügel ermatteten. Die Elfe hüpfte zu ihr. „Du solltest niemals versuchen, es mit einer Elfe aufzunehmen“, sagte sie kichernd. „Aber ich mache es wieder gut.“

Jesima wusste nicht, was die Elfe meinte, aber sie war vom Tanzen so müde, dass sie einschlief. Als sie wieder aufwachte, fühlte sich etwas anders an. Statt Flügeln hatte Jesima Arme und Beine. Sie hatte sich in eine Elfe verwandelt! Neben ihr auf dem Felsen lag eine kleine Gitarre. Freude erfüllte Jesima. Sie wollte endlich anfangen zu musizieren – und selber schelmische Elfenzaubertricks ausprobieren!

Die Wichtel

Es waren einmal ein armer Schuster und seine Frau. „Unser Leder reicht nur noch für ein Paar Schuhe", sagte der Schuster. Er schnitt das Leder zurecht und legte es auf seine Werkbank, um es am nächsten Morgen zu bearbeiten. Mitten in der Nacht erschienen zwei in Lumpen gekleidete Wichtel. Sie entdeckten das Leder und begannen mit der Arbeit.

Am nächsten Morgen fand der erstaunte Schuster das schönste Paar Schuhe, das er je gesehen hatte. Kurz darauf sah ein reicher Herr die schönen Schuhe und probierte sie an. Sie passten genau. Er war so entzückt, dass er den doppelten Preis bezahlte. „Nun kann ich mehr Leder kaufen!", sagte der Schuster.

An diesem Abend schnitt der Schuster Leder für zwei weitere Paar Schuhe zurecht. Mitten in der Nacht erschienen wieder die beiden Wichtel und machten sich an die Arbeit. Am Morgen fand der Schuster zwei Paar schöne Schuhe. Diese wurden noch am gleichen Tag verkauft – für mehr Geld, als der Schuster je zu träumen gewagt hatte. Jetzt hatte er genug Geld, um Leder für vier Paar Schuhe zu kaufen. „Aber wer ist es, der uns hilft?", fragte des Schusters Frau. Am Abend legte der Schuster das Leder für vier weitere

Paar Schuhe wie immer auf die Werkbank. Dann versteckte er sich mit seiner Frau, und sie warteten. Mitten in der Nacht sahen sie mit Erstaunen, wie die zwei kleinen Wichtel erschienen und gleich zu arbeiten anfingen.

„Wir müssen unseren kleinen Helfern ihre Güte vergelten", sagte der Schuster. „Warum nähen wir ihnen nicht schöne neue Kleider?", antwortete die Frau.

Sie fertigten zwei kleine Hosen, zwei hübsche Mäntel, zwei feste Paar Stiefel und zwei warme Wollschals an.

Des Nachts beobachteten die beiden, wie die Wichtel die Kleider anzogen und fröhlich tanzten, bevor sie verschwanden. Der Schuster und seine Frau sahen sie nie mehr wieder. Aber sie machten weiter schöne Schuhe für ihr Geschäft, und von diesem Tage an ging es ihnen immer gut.

Das ist nicht meine Schwester

Manni und Moni, zwei Igel-Geschwister, wollten Verstecken spielen. „Du zählst“, rief Moni. Da machte Manni die Augen zu, und Moni verschwand zwischen den Tannen im Nu.

„Suchst du deine Schwester?“, fragte Hase. „Dann such gleich dort! Jemand lief eben schnell durch die Bäume fort.“

Da trabte Manni los, bis er vor der alten Eiche stand.

Er dachte: „Hier hat sie sich wohl versteckt.“ Denn er hatte dort ein Augenpaar entdeckt. Aber es war nur Eule.

„Du suchst deine Schwester?“, fragte Eule verstört. „Dort drüben, bei den Stämmen, da hab ich was gehört.“

Die Stämme lagen auf einem großen Haufen. Doch hörte er da nicht jemanden laufen? Da rief Manni: „Ich hab dich nun endlich, komm doch hervor. Lass dich nicht bitten, ich seh dein Ohr!“

Aber es war nur Biber. „Du suchst deine Schwester?“, lachte Biber unter seinem Ast. „Ich glaube, die hast du gerade verpasst.“

Da schlich sich der Manni ganz leise an: „Ich hab dich gefunden, und du bist jetzt dran!“ Doch es war nur Opa Elch.

„Das ist nicht meine Schwester!“, rief Manni.

Opa Elch sagte: „Suchst du deine Schwester, musst du nicht fluchen. Geh lieber dort drüben am Hügel suchen.“

Am Hügel zwang Manni sich zum Weitergehen, denn in der Höhle konnte er einen Schatten sehen.

Im Dunkeln bemerkte er einen Vorderlauf. Da rief er: „Ich hab dich, nun gib endlich auf!“

Aber es war nur Bär.

„Das ist nicht meine Schwester!“, rief Manni.

„Du suchst deine Schwester?“, brummte Bär voller Wonne. „Liegt die nicht dort hinten im Tal in der Sonne?“

Als der Manni nachgeschaut, entdeckte er ein Haus, aus Blättern gebaut. „Na, wer hat sich denn da in den Blättern versteckt? Hier wird nicht geschlafen. Jetzt wirst du geweckt!“

Aber da war nur Stachelschwein.

„Das ist nicht meine Schwester!“, rief Manni.

„Du suchst deine Schwester?“, fragte Stachelschwein. „Also, hier war sie nicht, da kannst du sicher sein. Denn hätte sie sich auf mich gesetzt, dann hätte sie sich an den Stacheln verletzt.“

Manni dachte schon: „Das kann einem ja den Tag vermiesen!“, da hörte er im Haselstrauch ein lautes Niesen.

„Das ist meine Schwester!“, rief Manni.

Moni lachte ihn an: „Lauf los, versteck dich, denn ich bin jetzt dran!“

Während Moni so zählte „eins–zwei–drei–vier …“, war Manni einfach das glücklichste Tier.

Und dann hat er sich so gut versteckt, dass sie ihn wirklich nicht entdeckt.

Pixies Sandburg

Pixie, das Meerschweinchen, lebte am Meer. Von seinem Käfig aus, der am Fenster stand, konnte er die Kinder sehen, die im Wasser spielten und Sandburgen bauten.

„Ich möchte auch so gerne im Sand spielen!“, seufzte Pixie.

Eines Nachts griff Pixie zwischen die Stäbe und öffnete den Käfig. Er schlüpfte hinaus und rannte zum Strand.

„Wie schön!“, rief er und sah sich das Mondlicht an.

Die Wellen schlugen am Strand auf, und Pixie baute Mauern, Türme, Tore, Zinnen. Die ganze Nacht spielte er mit seiner Sandburg. Dann buddelte er sich in den Sand und schlief ein.

Als Pixie wieder aufwachte, hatten die Wellen seine Burg weggespült. Er schaute nach seinem Käfig am Fenster und vermisste sein warmes Zimmer und den gemütlichen Käfig. Zum Strand konnte er ja jederzeit gehen!

„Ich kann jede Nacht Sandburgen bauen“, sagte Pixie. „Und die nächste wird noch größer!“

Eine eiskalte Veränderung

Edward, der Polarbär, und sein Bruder Charlie verkauften Vanilleeis. Aber Edward hatte große Pläne. Er wollte etwas Besonderes aus Eis machen. „Vielleicht sollte ich andere Sorten erfinden“, überlegte er.

„Eis mit Aroma – das ist verrückt!“, sagte Charlie. „Das kauft keiner. Vanilleeis ist das Beste, und ich will nichts verändern. Veränderungen machen Angst.“

„Veränderungen sind aufregend!“, erwiderte Edward. Er wollte nicht aufgeben und dachte darüber nach, was ihm gut schmeckte. Dann fing er an, zu erfinden. Fisch- und Gletscher-Aroma! Aal-Überraschung! Salz und Schneebeeren! Das sprach sich herum, und bald standen Seehunde, Möwen und Polarfüchse Schlange, um die unglaublichen Eissorten zu probieren.

„Du hattest recht“, lachte Charlie schließlich. „Es tut mir leid. Manchmal können Veränderungen wirklich sehr aufregend sein!“

Im Meer

Tief unten im Meer steht ein Wald aus Algen,
In dem sich die kleinen Fische balgen.
Die Muscheln liegen gemütlich im Sand.
Sie sind hier viel lieber als an Land.

Betty Botter kaufte Butter

Betty Botter kaufte Butter,
Doch dann gab es ein Gewitter.
Das Gewitter machte die Butter
von Betty Botter bitter.

Betty kaufte neue Butter,
Und diese Butter wurde nicht bitter.
Also rührte Betty Botter
Einen Teig aus Mehl und Dotter
und der frischen Butter.

*(Dieser Reim ist ein Zungenbrecher.
Sag ihn so schnell, wie du kannst.)*

Lecker

Lecker, lecker – wau, wau!,
Sagt der kleine Hund.
Schlecker, schlecker – jaul, jaul!
Alles rein ins Maul!

Mausgedicht

Mäusefüße, zart und fein
Mäusespuren, klitzeklein
Ziehen sich durchs Feld so weit
Zum Verweilen keine Zeit
Blick, gerichtet stur nach vorn,
Geradeaus: Maus frisst Korn.

Der kleine blonde Jan

Der kleine blonde Jan
Schluckt nicht gerne Lebertran.
Dafür liebt er Kuchen!
Da hinein steckt er den Daumen,
Pult hervor
Die dicksten Pflaumen ...
Mutter wird sie suchen!

Die Schildkröte und der Hase

Hase und Schildkröte waren Nachbarn. Der Hase hatte es immer eilig. Die Schildkröte dagegen trottete langsam einher. Eines Tages sauste der Hase an der Schildkröte vorbei und rief: „Beeil dich, Schildkröte, sonst kommst du nie an!“

„Ich komme immer an mein Ziel!“, sagte sie. „Und wenn du mir nicht glaubst, fordere ich dich zu einem Rennen heraus!“ Da lachte der Hase. „Ein Rennen? Da hast du ja keine Chance!“ Aber sie planten das Rennen mit dem Fuchs als Schiedsrichter. Sie würden an der alten Eiche starten und den ganzen Weg bis zum Fluss rennen.

„Auf die Plätze! ... Fertig! … Los!“, rief der Fuchs. Der Hase sprintete voraus, und die Schildkröte bewegte langsam einen Fuß nach dem anderen. Nach einigen Minuten sah der Hase den Fluss vor sich liegen. Er hielt an und sah sich um. Er konnte die Schildkröte nirgends sehen. „Sie ist so langsam!“, lachte er in sich hinein. „Da kann ich mich noch ein bisschen ausruhen.“ Bald nickte der Hase ein. Auf dem Pfad wanderte die Schildkröte weiter, langsam, aber sicher.

Nach einer Stunde wachte der Hase auf und sah, wie die Schildkröte langsam auf ihn zukam. „Sie wird noch Stunden brauchen“, sagte der Hase zu sich selbst und schlief weiter.

Als der Hase aufwachte, konnte er die Schildkröte nirgends sehen. „Ich sollte ins Ziel laufen, dann kann ich heimgehen“, sagte sich der Hase und rannte so schnell er konnte zur Ziellinie. Die Schildkröte wartete bereits am Fluss auf ihn. „Wo warst du?“, fragte sie. „Ich bin schon seit Stunden hier. Du bist so langsam!“ Der Hase versuchte, alles zu erklären, aber weder Schildkröte noch Fuchs hörten ihm zu.

„Aber ich bin schneller!“, beschwerte sich der Hase. „Die Regeln waren einfach“, sagte der Fuchs. „Die Schildkröte hat gewonnen.“

„Das Rennen ging darum, wer zuerst hier ist“, lächelte die Schildkröte, „nicht, wer am schnellsten rennt. Langsam, aber sicher, habe ich das Rennen gewonnen!“

Maja verläuft sich

An einem sonnigen Tag nahm Frau Ente ihre Küken zum Schwimmen mit. „Bleibt immer schön bei mir“, warnte sie. Aber Maja, das kleinste Küken, hörte nicht zu. Sie watschelte hinter einem bunten Schmetterling her, bis er über den Fluss verschwand. Dann sah sie sich um. Sie war weit weg von zu Hause. Aber das machte Maja nichts aus. Es gab ja viele interessante Dinge zu sehen. Sie sah dem Eisvogel zu, wie er nach Fischen tauchte, und den Ottern, die am Flussufer spielten. Am Himmel zog eine Gruppe Schwäne vorüber.

„Quak, quak!“, rief Maja. „Das ist ein spannender Ort!“ Sie winkte den Ottern zu, aber die waren zu sehr in ihr Spiel vertieft. Plötzlich vermisste Maja ihre Mutter und ihre Geschwister.

„Ich gehe lieber nach Hause“, quakte sie. Doch als sie sich umsah, wusste sie nicht, in welche Richtung sie gehen sollte.

„Oh nein!", rief sie. „Ich habe mich verlaufen." Da setzte sie sich an den Fluss und weinte. Plötzlich begann sich das Wasser vor ihr zu kräuseln. Dann tauchten zwei große, runde Augen und ein grüner Kopf auf. Es war ihr Freund, Herbert der Frosch. Maja schluckte und versuchte, ihre Tränen zu verstecken.

„Was ist los?", fragte Herbert sanft.

„Ich habe mich verlaufen", weinte Maja. „Und ich vermisse meine Mama." „Hab keine Angst", quakte der Frosch. „Hüpf ins Wasser und schwimm mir einfach hinterher. Ich zeige dir den Weg."

So folgte Maja Herbert flussabwärts, bis sie Frau Ente und die anderen Küken fanden. „Hurra! Ich bin wieder zu Hause!", quiekte Maja, sprang aus dem Wasser und rannte zu ihrer Mutter.

Frau Ente war so glücklich, Maja zu sehen, dass sie ganz zu schimpfen vergaß.

„In Zukunft werde ich immer in deiner Nähe bleiben", versprach Maja ihr.

Pinocchio

Es war einmal ein Zimmermann, der hieß Geppetto. Einmal ging er durch einen verzauberten Wald, als er eine Stimme hörte, die aus einem verzauberten Stück Holz kam. Geppetto nahm das Zauberholz mit heim und schnitzte daraus einen kleinen Puppenjungen. Der hölzerne Junge konnte tanzen und sprechen. Geppetto gab dem Jungen den Namen Pinocchio.

„Du musst zur Schule gehen, wie die anderen Kinder!", sagte Geppetto zu ihm. Und so stakste Pinocchio am nächsten Morgen auf seinen hölzernen Beinen zur Schule.

Als er so ging, hüpfte eine Grille auf seine Schulter.

„Du siehst aus, als könntest du einen Freund brauchen“, sagte sie. „Ich werde dir helfen, Falsch und Richtig zu unterscheiden!“

Ein Stück die Straße hinunter traf Pinocchio einen Fuchs und einen Kater. Die hatten das Geld für das Mittagessen in seiner Tasche klimpern hören.

„Komm und spiel mit uns!“, sagte der Fuchs. „Du hast deinem Vater versprochen, zur Schule zu gehen“, flüsterte die Grille. Aber Pinocchio achtete nicht auf sie. Der Kater und der Fuchs führten Pinocchio in einen dunklen Wald. „Wenn du hier Geld vergräbst, wächst daraus ein Geldbaum“, sagten sie zu ihm. „Komm morgen wieder, und du wirst sehen!“

Am nächsten Morgen ging Pinocchio anstatt zur Schule in den Wald, um seinen Geldbaum zu suchen.

Doch als Pinocchio zu der Stelle kam, wo er seine Münzen vergraben hatte, war da kein Geldbaum, und die Münzen waren weg.

Pinocchio kam sich ziemlich töricht vor, aber er tat so, als sei es ihm egal. Er stampfte in den Wald hinein. Die kleine Grille flehte ihn an, zu Geppetto zurückzukehren, aber Pinocchio ging weiter, bis es dunkel war und er an ein kleines Häuschen kam. Pinocchio klopfte laut. Eine hübsche Fee öffnete.

„Wir haben uns verlaufen“, sagte Pinocchio. „Kannst du uns bitte helfen?“ Die Fee bat sie herein und gab ihnen etwas zu essen. „Warum seid ihr so weit weg von zu Hause?", fragte sie freundlich. Pinocchio wollte ihr nicht sagen, dass er seinem Vater nicht gehorcht hatte.

„Ich wurde von einem Riesen verfolgt!", log er. Plötzlich wurde Pinocchios Nase länger.

„Und ich rannte in den Wald, um zu entkommen!", erklärte er, und seine Nase wurde noch länger!

Verwundert fasste er sie an. „Ich habe dich verhext", sagte die Fee. „Immer, wenn du lügst, wächst deine Nase."

Pinocchio begann zu weinen. „Ich werde keine Lügen mehr erzählen", versprach Pinocchio.

Die Fee bewegte ihren Zauberstab, und die Nase sah wieder normal aus. „Von jetzt an werde ich alles tun, was Vater mir sagt", schwor er. Doch als er heimkam, war Geppetto nicht dort, weil er Pinocchio suchte.

„Wir müssen meinen Vater finden und nach Hause bringen", schluchzte er. Sie begannen mit der Suche unten am Fluss. Doch Pinocchio stand zu nah am Ufer und fiel mit einem Platsch hinein! Die Grille sprang hinterher, um zu helfen, aber sie wurden von einem sehr großen Fisch verschluckt.

Und dort, im Bauch des Fisches, fanden sie Geppetto!

Pinocchio umarmte seinen Vater fest. „Ich will dich nie mehr verlassen!", sagte er.

Der schlaue Holzjunge nahm die Feder von seinem Hut und kitzelte damit den Fisch.

„Ha-a-a-tschi!" Der Fisch nieste gewaltig. Geppetto, Pinocchio und die Grille schossen aus dem Maul des Fisches heraus und landeten am Flussufer.

In dieser Nacht, als Pinocchio schlafend in seinem eigenen kleinen Bett lag, flog die Fee durchs Fenster herein.

„Du bist ein guter, tapferer Junge", sagte sie und küsste ihn auf die Stirn.

Als Pinocchio am nächsten Morgen erwachte, stellte er fest, dass er nicht länger aus Holz war. Er war ein echter Junge!

Von da an war er Geppetto stets ein lieber Sohn und gut mit der Grille befreundet, die ihm nie wieder den Unterschied zwischen Richtig und Falsch erklären musste.

ABC

A B C, die Katze lief im Schnee.
Und als sie dann nach Hause kam,
Da hatt' sie weiße Stiefel an.
Ojemine, ojemine!
Die Katze lief im Schnee.

Herr Winter

Herr Winter, geh hinter,
Dein Reich ist vorbei.
Die Vögelein alle
Mit jubelndem Schalle
Verkünden den Mai.

Im Märzen der Bauer

Im Märzen der Bauer
Die Rösslein einspannt,
Er setzt seine Felder
Und Wiesen instand.
Er pflüget den Boden,
Er egget und sät
Und rührt seine Hände
Frühmorgens und spät.

Die alte Eule

Die alte Eule saß im Dunkeln
Auf einem hohen Ast.
Mit ihren scharfen Augen
Hat sie niemals was verpasst –
Und wusste stets, wer was gemacht.
Mitunter hört man munkeln,
Sie habe Unheil gebracht.

Meisenglück

Aus dem goldnen Morgenqualm
Sich herniederschwingend,
Hüpft die Meise auf den Halm –
Aber noch nicht singend!

Im April

Im schönen April, Knall auf Fall,
Blumen und Blätter gibt's überall.
Lämmchen das Licht
Der Welt erschauen,
Und Vöglein ihre Nester bauen.

Himmel und Huhn

Eines Tages fiel eine Eichel von einem Baum auf den Kopf von Hühnchen Junior und rollte davon. „Oh nein! DER HIMMEL FÄLLT RUNTER! DER HIMMEL FÄLLT RUNTER!", rief Hühnchen Junior in Panik. „Gack-gack-gack!", kreischte Henny Penny. „Das müssen wir sofort dem König erzählen!" Hühnchen Junior und Henny Penny eilten davon und trafen unterwegs den Hahn Cocky Locky.

„Wohin rennt ihr denn so eilig?", fragte er.

„DER HIMMEL FÄLLT RUNTER!", rief Hühnchen Junior. „Wir sagen's dem König!", gackerte Henny Penny.

„Kikerikii!", krähte Cocky Locky. „Ich komme mit euch!"

Hühnchen Junior, Henny Penny und Cocky Locky eilten davon, um dem König Bericht zu erstatten. Dabei trafen sie die Ente Susi Schnatter. „Warum flattert ihr so aufgeregt?", fragte sie. „DER HIMMEL FÄLLT RUNTER!", rief Hühnchen Junior. „Wir sagen's dem König!", krähte Cocky Locky.

„Ich k-k-k-komme mit euch!", quakte Susi Schnatter nervös.

Hühnchen Junior, Henny Penny, Cocky Locky und Susi Schnatter eilten davon, um dem König Bericht zu erstatten.

Dabei trafen sie den Enterich Egon Erpel. „Was ist denn los?“, fragte er. „DER HIMMEL FÄLLT RUNTER!“, rief Hühnchen Junior. „Wir sagen’s dem König“, quakte Susi Schnatter.

Egon Erpel war erschüttert. „Ich komme mit euch!“

Hühnchen Junior, Henny Penny, Cocky Locky, Susi Schnatter und Egon Erpel eilten davon, um dem König Bericht zu erstatten. Dabei trafen sie Gunda Gans und Ute Pute.

„Was ist denn mit euch los?“, fragten sie.

„DER HIMMEL FÄLLT RUNTER!“, rief Hühnchen Junior.

„Wir sagen’s dem König!“, krächzte Egon Erpel.

„Wir kommen mit euch“, schnatterten Gunda Gans und Ute Pute.

Hühnchen Junior, Henny Penny, Cocky Locky, Susi Schnatter, Egon Erpel, Gunda Gans und Ute Pute eilten davon, um dem König Bericht zu erstatten. Dabei trafen sie den Fuchs Foxy Loxy. „Na, hallo!“, sagte er. „Warum seid ihr denn so aufgeregt?“

„DER HIMMEL FÄLLT RUNTER!“, rief Hühnchen Junior. „Wir sagen’s dem König!“

Foxy Loxy grinste listig. „Keine Sorge, ich kenne den schnellsten Weg zum König. Folgt mir.“ Die sieben Vögel folgten ihm, bis sie plötzlich … an Foxy Loxys Fuchsbau waren! „Lauft!“, schrie Hühnchen Junior.

Die sieben Vögel rannten und flatterten so schnell sie konnten.

Und sie erzählten dem König niemals von dem herabfallenden Himmel.

Kleines Huhn

Higgeldi-piggeldi,
Kleines schwarzes Huhn,
Legst Eier für uns alle, hast gar viel zu tun.
Manchmal neun und manchmal zehn –
Higgeldi-piggeldi, Hühnchen, lass sehn!

Ein Huhn, das sprach zum andern

Ein Huhn, das sprach zum andern:
„Wir woll'n zur Wiese wandern.
Dort wächst das frische Gras –
Dort macht das GACKERN Spaß!"

Braves Huhn

Frau Grete hatt' ein braves Huhn,
Das wusste seine Pflicht zu tun.
Es kratzte hinten, pickte vorn,
Fand hier ein Würmchen, da ein Korn.

Kannst du leise schleichen?

Kannst du leise schleichen wie meine süße Katz,
Und kannst du so weit springen in einem großen Satz?
Kannst du so leise summen, wie sie mir schnurrt ins Ohr,
Und auch gut Mäuse fangen? Dann stell dich bei mir vor!

Ein krummer Mann

Es war einmal ein krummer Mann,
Der ging einen krummen Weg.
Er fand 'ne gebogene Münze
Auf einem schiefen Steg.
Er hatt' eine bucklige Katze,
Die fing eine krumme Maus.
Sie wohnten alle zusammen
In einem schiefen Haus.

Hardy schreibt gern

Eines schönen Sonnentags ging Hardy Hase nach draußen, um mit seinen Freunden im Park zu spielen. „Du trägst immer ein Buch mit dir herum!“, neckte ihn seine Mutter.

„Es ist kein Buch“, lächelte Hardy. „Es ist ein Notizbuch. Mein Lehrer möchte, dass jeder in meiner Klasse sich eine Geschichte ausdenkt. Mir fällt aber nichts ein!“

„Ach, du hast bestimmt bald viele Ideen“, sagte seine Mutter. „Aber schreib sie dir sofort auf, sonst vergisst du sie wieder!“ Hardy machte sich auf den Weg und traf bald Fritzi, den Frosch.

„Hilf mir mal mit diesem schweren Picknickkorb“, sagte sie.

„Ein Picknick? Das hier ist so schwer wie ein Schatz!“, grunzte Hardy. Dann ließ er los und nahm sein Notizbuch. „Mir ist gerade die erste Idee gekommen. Meine Geschichte könnte von einem Schatz handeln!“ Sie gingen weiter Richtung Park. „Ich bin mir sicher, dass ich gerade Max gesehen habe“, sagte Fritzi.

„Ich auch“, sagte Hardy verblüfft. „Aber jetzt nicht mehr.“

„Wie weggezaubert!“, grinste Fritzi.

„Gezaubert?“, sagte Hardy. „Vielleicht kann ja jemand in meiner Geschichte zaubern. Ein Zauberer!“

Plötzlich … BUUH! Max, die Maus, sprang hinter einem Busch hervor.

„Huch! Hast du mich erschreckt!“, lachte Fritzi.

„Und du hast mich auf noch eine Idee gebracht“, sagte Hardy. „Etwas Gruseliges. In meiner Geschichte könnten Geister spuken!“ Die drei Freunde begannen gerade, einen Fluss in der Nähe des Hauses ihres Freunds Sam zu überqueren. Plötzlich … PLATSCH! … fiel Hardy ins Wasser. „Puh!“, grinste er. „Und gerade ist mir noch eine Idee gekommen. Eine meiner Figuren könnte im Wasser leben.“

„Vielleicht eine Meerjungfrau“, schlug Max vor.

„Hallo, ihr alle“, sagte Sam. „Ich bin in einer Minute fertig. Wollt ihr in den Baum hinaufkommen und warten?“

„Auf keinen Fall!“, japste Fritzi. „Du wohnst ja fast im Himmel!“

„Noch eine Idee“, sagte Hardy. „In meiner Geschichte könnten Flugzeuge vorkommen.“

„Oder Weltraumraketen“, sagte Max.

„Oder Außerirdische!“, fügte Fritzi hinzu.

Als sie in den Park kamen, trafen die Freunde Bella, Hardys Schwester.

„Hey, Hardy, was schreibst du da?“, fragte sie.

„Ich schreibe eine Geschichte“, sagte Hardy. „Ich habe viele Ideen, und jetzt mache ich sie zu einem Abenteuer.“

„Cool“, sagte Bella. „Liest du uns etwas vor?“

Hardy öffnete sein Notizbuch und begann vorzulesen. „Es waren einmal ein Bruder und eine Schwester mit den Namen Tim und Ella …“

„Das sind ja wir beide!“, rief Bella.

„Sie lebten in einer Stadt in der Nähe des freundlichen Zauberers“, fuhr Hardy fort. „Die Kinder durften in seinem Zauberschloss spielen.“

„Ein Zauberer! Ich liebe Zaubergeschichten!“, rief Fritzi.

„Oh, Geister! Super!“, sagte Max.

„Eines Tages fanden Tim und Ella auf dem Dachboden eine Truhe. Sie öffneten den Deckel. Die Truhe war voller Gold“, las Hardy. „Sie hatten den verschollenen Schatz von Miaulin entdeckt! Aber in der folgenden Nacht war der Schatz verschwunden. Wo war er?“ Hardy blätterte um und las weiter: „Im Schlossgraben lebte ein Froschmädchen namens Fiona. Sie sagte, dass Außerirdische vom Mars den Schatz gestohlen hätten. So schwang der Zauberer seinen Zauberstab und beförderte alle auf den Mars.“ Hardy unterbrach und seufzte. „Bis hierhin bin ich gekommen.“

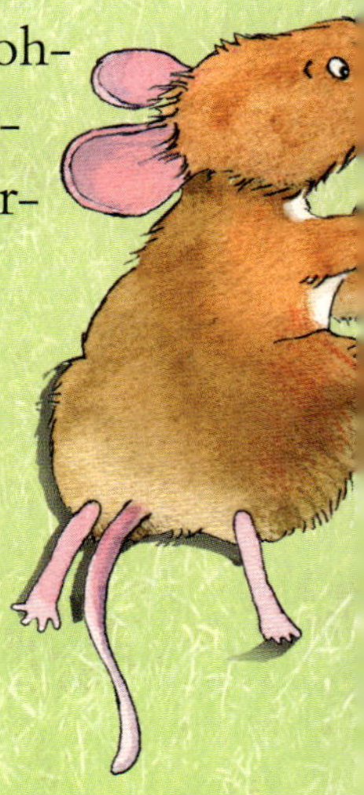

„Wir helfen dir, die Geschichte zu Ende zu schreiben!“, rief Sam. Abwechselnd schrieben sie in Hardys Buch.

„Gut“, sagte Hardy, als sie fertig waren. „Hier ist der Rest der Geschichte. Ich lese ihn euch vor: Der Zauberer trickste die Außerirdischen aus und nahm die Truhe. Schnell liefen alle in eine Rakete und flogen davon. Aber die Außerirdischen folgten ihnen und fingen sie! Da kam ein Geist und verjagte sie", schloss Hardy.

„Hurra!", riefen die anderen.

„Es fehlte nur noch eine Sache", sagte Hardy. Und er schrieb: „Und alle lebten glücklich bis an ihr Lebensende."

Die kleine grüne Raupe

Die kleine grüne Raupe,
Die suchte sich ein Blatt,
Auf dem sie sich gebettet
Und eingesponnen hat.
Sie träumte, sie könne fliegen
Bis in den warmen Süden.
Als ihr Kokon dann aufging,
War sie ein schöner Schmetterling.

Wen wundert's

Wen wundert's, dass die Spinne rennt
Am liebsten auf nacktem Fuß.
Stell dir mal vor, dass man sich stets
Acht Schuhe schnüren muss.

In meinem Kohl

Wer sucht die schönsten Blätter
Sich vom Gemüse aus
Und zieht, wenn er gefressen hat,
Zurück sich in sein Haus?
Das ist die kleine Schnecke,
Die wohnt in meinem Kohl,
Sie meint, sie hat sich gut versteckt,
Jedoch, ich seh sie wohl!

Fische schwimmen

Fische tauchen ins Wasser ein.
Vögel fliegen in die Luft hinein.
Schlangen kriechen auf dem Grund.
Wenn Kinder hüpfen, sind sie gesund.

Die Taube

Die Taube sucht den Tauberich,
Der hatte angeboten sich,
Den Weg nach München ihr zu weisen,
Damit sie dorthin konnte reisen.

Hätt ich 'nen Esel

Hätt ich 'nen Esel,
Der stur wär und faul,
Dem legte ich den Mais
Direkt vor sein Maul.

Blume, die Kuh

Blume, die Kuh, lebte auf einem großen Bauernhof. Manchmal kamen Feriengäste auf den Hof. Eines Morgens bemerkte Frau Nadelstreifen, dass keiner ihrer Gäste sein Frühstück aufgegessen hatte. „Stimmt etwas nicht?“, fragte Frau Nadelstreifen.

„Äh, tja, die Butter und die Milch schmecken komisch“, antwortete ein Gast.

„Und der Joghurt auch“, sagte ein anderer.

„Wie merkwürdig! Die Milch von gestern war in Ordnung“, sagte Frau Nadelstreifen zu ihrem Mann. „Es muss an Blume liegen.“ Aber Blume hatte schon viele Preise für ihre Milch bekommen, weil sie so gut schmeckte. Woran es dann wohl liegen konnte? Die ganze nächste Woche beobachtete der Bauer Blume beim Grasen. Jeden Abend probierte er nach dem Melken die Milch. Sie war köstlich und süß.

Am Sonntag wirkte Blume sehr aufgeregt. Nachdem der Bauer sie auf die Weide gelassen hatte, ging sie sofort zum Fluss und wartete. Bald darauf lief eine Gruppe Kinder auf die Weide und legte eine große Decke neben Blume ins Gras. Dann aßen sie aus ihren Picknickkörben. Jedes Mal

wenn sie ihr etwas anboten, drehte Blume ihren Kopf weg, nur die … CHIPS aß sie! Mit Zwiebelgeschmack, mit dem Aroma scharfer Grillgewürze, mit Salz-und-Essig-Geschmack – alles, was scharf war, mochte Blume! Der Bauer wunderte sich. „Deshalb schmeckt ihre Milch so komisch!“, sagte er sich.

Am nächsten Sonntagabend, nach einem weiteren Picknick mit den Kindern, gab der Bauer Blume eine Handvoll extrastarker Pfefferminze. Dann wartete er eine Weile, bis die Milch den Minzgeschmack angenommen hatte.

Am Montagmorgen sah Frau Nadelstreifen, dass ihre Gäste alles aufaßen und austranken. „Frau Nadelstreifen“, sagte einer der Gäste, „dieser Pfefferminzjoghurt ist köstlich.“ Frau Nadelstreifen lächelte ihren Ehemann an und flüsterte: „Wenn die nur wüssten.“

Der kleine Tiger macht Platsch

Der kleine Tiger hasste Wasser. Er badete nie, und selbst an den heißesten Tagen weigerte er sich, im Teich zu schwimmen. „Du bist schmutzig, und dein Fell stinkt! Du musst dich waschen“, sagte Mama Tiger ihm eines Tages.

„Ich bin gern schlammig und zottelig“, antwortete der kleine Tiger und trottete davon, um auf einem Ast zu faulenzen, der über dem Teich hing. Sanftes Vogelgezwitscher erfüllte die Luft, und seine Familie planschte unten im Teich herum. Es dauerte nicht lange, bis der kleine Tiger eingeschlafen war. Er träumte, er wäre kein Tiger, sondern ein Vogel. Er breitete seine gefiederten Flügel aus und sprang in die Luft … PLATSCH! Der kleine Tiger war in hohem Bogen im Wasser gelandet. Als er wieder ans Ufer klettern wollte, merkte er, wie wundervoll erfrischt er sich fühlte. Und wie viel Spaß es machte, zu planschen! Seitdem schwimmt der kleine Tiger jeden Tag im Teich – und er ist auch sehr sauber!

Wo ist Barney?

Mia Meerkat schlief immer mit ihrem Teddy Barney ein, aber eines Abends war Barney nicht zu finden.

„Wir müssen ihn finden, sonst kann keiner von uns schlafen, besonders Mia nicht“, sagte Mama. Mama und Papa suchten in den Sanddünen und schauten in den Tunneln nach ihm. Sie gruben, buddelten und streiften umher. Dann sah Mama Barney in den Pranken eines schlafenden Schakals! „Uh-oh“, schluckte sie. „Das könnte heikel werden.“ Sie zog an Barney, aber als sie ihn befreit hatte, öffnete der Schakal die Augen.

„Ich habe diesen Teddy gefunden!“, heulte er. Mama warf Barney zu Papa hinüber, und der Schakal sprang ihm nach. Papa warf Barney zu Mama zurück, und der Schakal jagte ihr hinterher. In letzter Sekunde erreichten sie ihr Zuhause unter der Erde, und der Schakal schlich davon. Keuchend ging Mama in Mias Schlafzimmer. Aber Mia wartete nicht auf Barney … sie schlief tief und fest! Am Morgen erlebte Mia eine große Überraschung. Barney eng an sich gekuschelt, lagen Mama und Papa schnarchend auf dem Boden ihres Zimmers.

Der Hirtenjunge und der Wolf

Es war einmal ein Junge namens Peter, der lebte in einem kleinen Dorf in den Bergen mit seinen Eltern, die waren Schafbauern. Es war Peters Aufgabe, die Herde zu hüten und die Schafe vor Wölfen zu beschützen.

Tagein, tagaus saß Peter am Berghang und hütete die Herde. Es war sehr ruhig dort, und nie kam ein Wolf, um die Schafe zu fressen. Peter wurde es sehr langweilig. Eines Tages hielt Peter es nicht mehr aus. „Ich weiß, was ich mache!“, grinste er in sich hinein. So laut er konnte, begann er zu schreien: „Wolf! Hilfe! Wolf!“

Unten im Dorf hörte ein Mann Peters Rufe. „Schnell!“, rief er ein paar anderen Männern zu. „Ein großer Wolf fällt die Schafe an!“

Die Dorfbewohner nahmen ihre Äxte, Mistgabeln, Schaufeln und Besen und rannten den Berg hinauf zu der Stelle, an der Peter seine Herde hütete. Als sie dort ankamen, war alles ruhig, und die Schafe grasten friedlich.

„Wo ist der Wolf?“, rief einer der Dorfbewohner.

Peter brüllte vor Lachen. „Es gibt keinen Wolf. Ich hab nur Spaß gemacht!“ Die Leute waren sehr böse auf Peter. „Du darfst nicht ‚Wolf‘ rufen, wenn keiner da ist!“, sagten sie.

Am Abend wurde Peter von seiner Mutter ausgeschimpft und ohne Essen zu Bett geschickt.

Danach schaffte es Peter eine ganze Weile, sich zu benehmen, und die Dorfbewohner hatten seinen Streich bald vergessen.

Eines Tages wurde es Peter wieder sehr langweilig. Er hob ein paar Holzstücke auf und begann, sie gegeneinanderzuschlagen. Dann rief er, so laut er konnte: „Wolf! Hilfe! Wolf! Kommt schnell, ein großer Wolf frisst die Schafe!“

Unten im Dorf versammelte sich eine Gruppe von Menschen, als sie das laute Schlagen und Rufen vom Berg hörten. „Es ist Peter!“, rief jemand. „Schnell, da ist wohl ein Wolf auf der Jagd!“

Und wieder nahmen die Dorfbewohner ihre Mistgabeln, Schaufeln und Besen. Sie rannten den Berg hinauf, um den

Wolf zu verjagen und den armen Peter und seine Schafe zu retten. Doch als sie ankamen, war wieder alles ruhig, und die Schafe grasten friedlich. „Peter, was ist passiert?“, rief ein Mann ärgerlich.

„Es gibt keinen Wolf“, lachte Peter. „Ich hab bloß Spaß gemacht.“

„Du solltest nicht solche Witze machen“, sagte ein anderer Mann. „Es ist nicht gut, zu lügen.“ An diesem Abend wurde Peter noch mehr von seiner Mutter ausgeschimpft und wieder ohne Essen ins Bett geschickt. Er beschloss, sich zu benehmen, und der Vorfall war bald vergessen.

Einige Wochen später, als Peter zum Zeitvertreib wie immer die Schafe zählte, fiel ihm auf, dass einige von ihnen ängstlich blökten. Er kletterte auf einen Baum, um nachzusehen, was ihnen Angst machte.

Zu seinem Entsetzen sah er einen großen Wolf, der durchs Gras auf die Herde zuschlich. Vor Furcht zitternd, begann er zu schreien: „Wolf! Hilfe! Wolf! Kommt schnell, ein großer Wolf will die Schafe fressen!“

Einige Leute unten im Dorf hörten seine Hilfeschreie, aber sie wandten sich schnell wieder ihrer Arbeit zu. „Das ist nur wieder ein Streich von Peter“, sagten sie zueinander. „Er glaubt wohl, er kann uns schon wieder zum Narren halten!“ Und so kam Peter niemand zu Hilfe.

Als Peter am Abend nicht heimkam, machten sich seine Eltern Sorgen. Peter verpasste nie sein Abendessen! Etwas Schlimmes musste geschehen sein. Peters Vater rief die Dorfbewohner zusammen, und sie eilten den Berg hinauf, Fackeln tragend.

Ein schrecklicher Anblick bot sich ihnen. Alle Schafe waren weg! Diesmal war wirklich ein Wolf da gewesen. Peter saß immer noch im Baum, zitternd und weinend. „Ich habe ‚Wolf‘ gerufen. Warum seid ihr nicht gekommen?“, schluchzte er.

„Wer einmal lügt, dem glaubt man nicht, und wenn er auch die Wahrheit spricht!“, sagte Peters Vater und half ihm vom Baum. Peter hielt sich den ganzen Weg an seinem Vater fest. Nie wieder wollte er einen Wolf sehen.

Und Peter hatte seine Lektion gelernt. Er erzählte nie wieder eine Lüge, und er bekam immer sein Abendessen.

Meister Langohr

Langes Bärtchen, kurze Nase,
Große Ohren hat der Hase.
Kleine Pfötchen, kurzes Fell
Trägt der muntere Gesell.
Und eh du ihn noch recht entdeckst
Hat er sich im Busch versteckt –
Kleine Äuglein im Gesicht,
Hopp, hopp, hopp, du kriegst mich nicht!

Siehst du das Häschen?

Siehst du das Häschen,
Es hoppelt so fein.
Es will die Frau Häsin
Heute frei'n.

Sie trägt einen großen Möhrenstrauß,
Und die Schleppe trägt ihr die Fledermaus.
Auch die Gemeinde hat sich rausgeputzt,
Nur die Frau Eule schaut etwas verdutzt.

Rotkäppchen

Es war einmal ein nettes, fröhliches kleines Mädchen, das immer einen hübschen roten Umhang mit Kapuze trug. Und so nannte jeder sie „Rotkäppchen".

„Großmutter geht es nicht gut", sagte ihre Mutter eines Morgens. „Bring ihr diesen Korb mit Essen, und sprich unterwegs nicht mit Fremden."

Rotkäppchen nahm den Korb und machte sich gleich auf den Weg. Bald traf sie einen Wolf.

„Na, hallo", sagte der Wolf mit tiefer, weicher Stimme. „Wohin gehst denn du?"

„Ich besuche meine Großmutter", antwortete Rotkäppchen und vergaß die Warnung ihrer Mutter. „Sie lebt in einem Häuschen auf der anderen Seite des Waldes."

Während Rotkäppchen Blumen für ihre Großmutter pflückte, lief der Wolf zum Haus der Großmutter und ging hinein. Bevor die Großmutter um Hilfe rufen konnte, öffnete das böse Tier sein großes Maul und verschluckte die alte Frau! Dann stieg er in ihr Bett, zog sich die Decke bis unters Kinn und wartete.

Bald darauf erreichte Rotkäppchen das Haus ihrer Großmutter, mit ihrem Korb und dem Wildblumenstrauß. Als sie das Schlafzimmer betrat, schnappte sie überrascht nach Luft.

„Großmutter, warum hast du denn so große Ohren?“, rief Rotkäppchen aus. „Damit ich dich besser hören kann“, antwortete der Wolf. „Und warum hast du so große Augen?“, schluckte Rotkäppchen. „Damit ich dich besser sehen kann“, antwortete der Wolf. „Und warum hast du so spitze Zähne?“, keuchte Rotkäppchen. „Damit ich dich besser FRESSEN kann!“, schnarrte der böse Wolf und verschlang Rotkäppchen mit einem Bissen! Dann schlief er sogleich ein.

Zum Glück arbeitete in der Nähe ein Holzfäller, der hörte ein lautes, grollendes Schnarchen, das aus dem kleinen Haus drang. Auf Zehenspitzen ging er ins Schlafzimmer und fand dort den schlafenden Wolf … mit seinem vollen Bauch! Er stellte den Wolf auf den Kopf und schüttelte ihn, so fest er konnte. Heraus fiel ein sehr benommenes Rotkäppchen, gefolgt von ihrer alten Großmutter. Diese war außer sich vor Wut. Sie jagte den Wolf tief in den Wald hinein und sah ihn nie wieder.

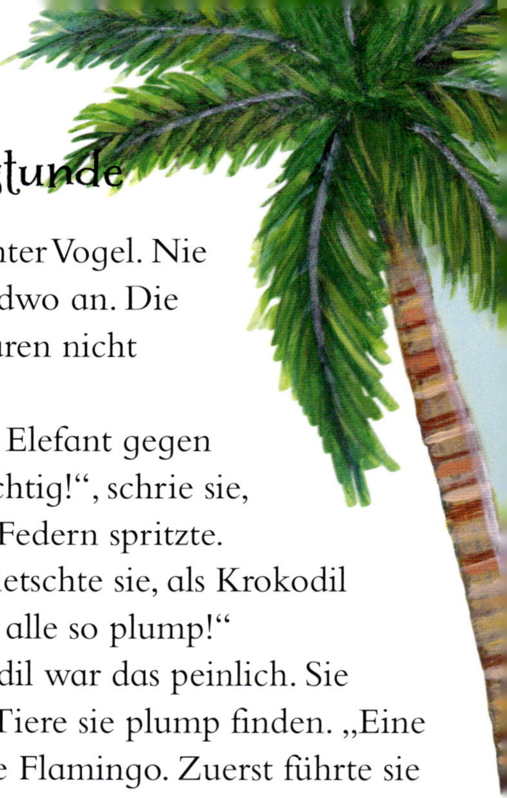

Flamingos Ballettstunde

Flamingo war ein sehr eleganter Vogel. Nie stolperte sie oder stieß irgendwo an. Die anderen Tiere im Dschungel waren nicht so grazil.

„Pass auf!“, rief Flamingo, als Elefant gegen einen Baum torkelte. „Sei vorsichtig!“, schrie sie, als Flusspferd Schmutz auf ihre Federn spritzte. „Pass auf, wo du hintrittst!“, quietschte sie, als Krokodil ihr auf die Zehen trat. „Ihr seid alle so plump!“

Elefant, Flusspferd und Krokodil war das peinlich. Sie wollten nicht, dass die anderen Tiere sie plump finden. „Eine Ballettstunde wird helfen“, sagte Flamingo. Zuerst führte sie ihrer Klasse eine Pirouette vor.

„Jetzt seid ihr dran“, sagte sie. Elefant gab sich größte Mühe, aber sie war so schwer, dass sie nur ein tiefes Loch in den Boden bohrte, in dem ihr Bein stecken blieb.

„Vielleicht ist eine Pirouette zu schwer“, sagte Flamingo. „Versucht stattdessen mal das!“ Sie stellte sich graziös auf ein Bein und versteckte das andere unter ihrem Körper.

Flusspferd versuchte, das nachzumachen, aber dabei traf er aus Versehen einen Baum und schlug ihn um.

Flamingo stöhnte. „Vielleicht seid ihr anmutiger, wenn ihr hübscher ausseht“, sagte sie und gab ihnen Ballettröckchen. „Probiert die mal an.“ Aber der Bauch des armen Krokodils war so nah über dem Boden, dass sein Ballettröckchen

durch den Schlamm schleifte. „Ich glaube nicht, dass wir jemals so elegant sein werden wie du, Flamingo“, sagte Elefant traurig.

Flamingo seufzte und schaute ihre Freunde an. Elefant konnte mit ihrem Rüssel vorsichtig Blätter und Beeren pflücken. Flusspferd tauchte unter Wasser, ohne anzustoßen, und wenn Krokodil durch den Sumpf glitt, kräuselte sich das Wasser kein bisschen. Plötzlich kam Flamingo sich sehr dumm vor. Warum versuchte sie, ihre Freunde zu verändern? Wenn sie sich natürlich verhielten, sahen sie alle anmutig aus.

„Es tut mir leid, dass ich euch plump genannt habe“, sagte sie. „Ihr seid perfekt, so wie ihr seid!“

Ich liebe meinen Opa

Der kleine Bär und sein Opa spazierten am Fluss entlang. Plötzlich entdeckte der kleine Bär eine Forelle im Wasser.

„Schnell, Opa!“, rief er. Er stürzte sich in den Fluss, fing die Forelle geschickt und hielt sie stolz seinem Opa entgegen.

Opa lächelte. „Du bist flink, kleiner Bär“, sagte er. „So flink wie du war ich früher auch. Aber jetzt kenne ich bequemere Wege, an mein Essen zu kommen.“

„Welche denn, Opa?“, fragte der kleine Bär.

„Tja, ich wende eine List an“, erwiderte Opa und stellte sich auf einige Trittsteine im Fluss. „Ich habe Geduld und warte hier bei den Stromschnellen, bis die Forellen aus dem Wasser springen – direkt in mein Maul.“

„WOW!“, sagte der kleine Bär voller Bewunderung. „Ich finde dich toll, Opa, du bist SO klug!“

In diesem Augenblick rauschte ein Adler herbei. Mit den Flügeln berührte er den Pelz des kleinen Bären. Seine scharfen Krallen waren ganz nah. Voller Angst kletterte der kleine Bär auf einen Baum. Opa lächelte. „Früher konnte ich auch so gut klettern wie du“, sagte er. „Meine Arme waren kräftig. Aber heute muss ich nicht mehr davonlaufen.“

„Wirklich nicht?“, fragte der kleine Bär.

„Tja“, erwiderte Opa, „ich bin einfach nicht mehr so schüchtern.“ Als der Adler eine Kehre machte und wieder auf sie zuflog, begann Opa, mit seiner tiefen, rauen Stimme laut zu

brummen und zu grollen. Der Adler verschwand hinter den Bergen. „WOW!“, sagte der kleine Bär. „Opa, du bist SO mutig! Ob ich jemals so klug, mutig und erfahren werde wie du?“

„Ganz bestimmt“, antwortete Opa. „Soll ich dich unterrichten?“ Der kleine Bär nickte. Also nahm Opa ihn mit und zeigte ihm, wie man Forellen fing … und wie man Vögel verscheuchte. Der kleine Bär lernte schnell. Bald fielen weiche, dicke Schneeflocken.

„Jetzt müssen wir uns einen hohlen Baum suchen, in den wir beide hineinpassen“, sagte Opa. Und er zeigte dem kleinen Bären, wie man den richtigen Baum auswählte. In der Höhle kuschelte der kleine Bär sich fest an seinen Opa. Er war sehr glücklich. „Ich hab dich lieb, Opa“, rief er fröhlich. Opa kraulte ihm den Pelz. „Ich hab dich auch lieb, kleiner Bär“, sagte er.

Einen Tag krank

Hase fühlte sich nicht wohl, deshalb wickelte seine Mutter ihn in eine weiche Decke und rief Dr. Langohr.

„Vielleicht hat er Fieber", sagte Dr. Langohr. „Kühl ihn mit Karottensalat etwas ab." Hases Mutter machte ihm etwas Karottensalat, aber Hase hatte keinen Hunger.

„Vielleicht hat er eine Erkältung", sagte Dr. Langohr. „Wärme ihn mit einer Karottensuppe auf." Hases Mutter kochte eine köstliche Suppe, aber Hase konnte nicht einmal einen Löffel voll davon essen.

„Was möchtest du, Hase?", fragte Dr. Langohr freundlich. Hase deutete auf seine Mutter, die sein weiches Fell streichelte und seine rosa Nase küsste. Sie nahm ihn in ihre Hasenarme und kuschelte mit ihm. „Ich fühle mich schon besser", sagte Hase fröhlich. Mit ein paar komischen Geschichten brachte seine Mutter ihn zum Lachen. Als es abends Zeit war, ins Bett zu gehen, fühlte Hase sich schon besser. Sein Vater kam nach Hause, und Hase erzählte ihm alles, was der Arzt gesagt hatte. „Ich brauche keinen Salat oder Suppe", sagte er. „Nur Kuscheln und lustige Geschichten sind viel besser!"

„Das ist die beste Medizin", antwortete sein Vater weise.

Krankenhaus Eiche

Eines Tages kam Frau Maus völlig aufgelöst ins Krankenhaus Eiche. „Bitte helft mir!", rief sie. „Ein Fingerhut steckt auf dem Kopf von meinem Sohn Lukas fest!"

Die Eichhörnchen-Krankenschwester versuchte, den Fingerhut abzuziehen, aber Lukas schrie „Autsch!" und „Stopp!", also hörte sie auf. Der Eichhörnchen-Doktor schmierte Lukas' Kopf mit Honig ein. Das fühlte sich sehr klebrig an, aber der Fingerhut bewegte sich kein bisschen. Da hatte die Eichhörnchen-Krankenschwester eine Idee. „Lukas, kannst du mit deinen Ohren wackeln und deine Augenbrauen hoch- und runterziehen?", fragte sie. Lukas wackelte und zog Grimassen, so sehr er konnte, während die anderen am Fingerhut zogen. Mit einem lauten PLOPP flog der Fingerhut in die Luft und fiel dem Eichhörnchen-Doktor auf die Nase. Von da an ließ Frau Maus Lukas für alle Fälle jeden Tag üben, mit den Ohren und den Augenbrauen zu wackeln – und ihre Fingerhüte versteckte sie gut.

Fünf Rosinenbrötchen

Fünf Rosinenbrötchen lagen einst zum Verkauf,
Groß, rund und köstlich mit ’ner Kirsche obendrauf.

Da kam *(Name einfügen)* und hatte großen Appetit,
Nahm für einen Groschen ein Rosinenbrötchen mit.

Vier Rosinenbrötchen lagen einst zum Verkauf,
Groß, rund und köstlich mit ’ner Kirsche obendrauf.

Da kam *(Name einfügen)* und hatte großen Appetit,
Nahm für einen Groschen ein Rosinenbrötchen mit.
(Den Reim wiederholen und
jeweils eine Zahl weniger nennen.)

Keine Rosinenbrötchen lagen einst zum Verkauf.
Nichts rund und köstlich mit ’ner Kirsche obendrauf.
Da kam *(Name einfügen)* und hatte großen Appetit.
Der Bäcker sagte: „Kind, nimm ein Hörnchen mit!“

Heiße Knusperbrötchen

Heiße Knusperbrötchen!
Ein Groschen, zwei Groschen,
Heiße Knusperbrötchen!
Und hast du keine Tochter,
Dann gib sie deinem Sohn:
Ein Groschen, zwei Groschen,
Heiße Knusperbrötchen!

Meine Mu, meine Mu

Meine Mu, meine Mu,
Meine Mutter schickt mich her.
Ob der Ku, ob der Ku,
Ob der Kuchen fertig wär.
Wenn er no, wenn er no,
Wenn er noch nicht fertig wär,
Käm ich mo, käm ich mo,
Käm ich morgen wieder her!

Bau ein Häuschen aus fünf Steinen

Bau ein Häuschen aus fünf Steinen –
Eins, zwei drei, vier, fünf.
Setz ein Dach obendrauf,
Einen Schornstein dazu.
Da bläst der Wind durch –
Hiu-hiu … hiiuuuh!

Morgen müssen wir verreisen

Morgen müssen wir verreisen,
Und es muss geschieden sein.
Traurig ziehn wir unsere Straße,
Lebe wohl, Herzliebchen mein.

Taler, Taler

Taler, Taler, du musst wandern
Von der einen Hand zur andern.
Das ist schön, das ist schön –
Taler, Taler, lass dich bloß nicht sehn!

Wann und wo?

Wann und wo, wann und wo
Sehn wir uns wieder und sind froh?
Wo und wann, wo und wann
Stimm'n wir dies Lied gemeinsam wieder an?

Katzen

Katzen können Mäuse fangen,
Haben Krallen, scharf wie Zangen,
Kriechen durch die Bodenlöcher
Und zuweilen auf die Dächer,
Jaulen wie ein Dudelsack –
Nicht nur nachts, nein, auch am Tag!

Wären Träume Pferde

Wären Träume Pferde,
Könnten Bettler reiten.
Wären Rüben Uhren,
Besäß ich eine beizeiten.

Beste Freundinnen

Als Grace in ihr neues Zuhause umzog, mochte sie ihr schönes neues Zimmer und den Garten voller Bäume sehr. Aber sie vermisste alle ihre Freunde.

Am liebsten spielte Grace Verkleiden, aber allein machte ihr das keinen Spaß. Eines Tages, als Grace in ihrem Lieblingsfeenkleid im Garten umherflatterte, hörte sie aus dem Garten nebenan die Stimme eines Mädchens. Sie schaute über den Zaun und sah ein Mädchen in einem schwarzen Kleid mit langem, wirrem Haar. „Oje“, sagte Grace. „Ich trage gern schöne bunte Kleider, und mein Haar ist hübsch gekämmt! Ich kann mir nicht vorstellen, dass wir jemals Freundinnen werden.“

Ein paar Tage später sah Grace das Mädchen wieder. Aber diesmal trug sie ein schönes Kleid. Dann bemerkte Grace, dass das Mädchen weinte.

„Warum weinst du?“, fragte Grace.

„Ich bin Emma“, sagte das Mädchen. „Ich bin in meinem Hummelkostüm herumgeflogen, und die Flügel sind abgerissen!“

„Verkleidest du dich gern?“, fragte Grace.

Emma nickte. „Das ist mein Lieblingsspiel!“

„Meins auch!“, sagte Grace aufgeregt. „Ich kann dir meine Feenflügel leihen, wenn du willst!“

„Danke!“, antwortete Emma froh. Grace und Emma spielten den ganzen Nachmittag lang Verkleiden.

Am nächsten Tag klopfte Emma bei Grace an der Tür. Sie war als gute Fee verkleidet. „Danke, dass du mir deine Feenflügel geliehen hast“, sagte sie.

„Danke, dass du mit mir spielst!“, antwortete Grace.

„Du darfst dir etwas wünschen“, sagte Emma.

„Ich wünsche mir“, antwortete Grace, „dass wir immer beste Freundinnen bleiben.“ Emma schwang ihren Zauberstab und nahm mit einem Lächeln die Hand ihrer neuen Freundin.

„Lass uns für immer beste Freundinnen sein!“, sagte Emma.

„Mein Wunsch ist erfüllt!“, seufzte Grace. Und die beiden Mädchen tanzten zusammen einen wilden, fröhlichen Feentanz.

Darüber muss ich noch mal nachdenken

Frosch saß auf einem Seerosenblatt. Er hatte Geburtstag, und als Überraschung für seine Freunde wollte er einen Kuchen backen. Er schrieb eine Zutatenliste und ging zu seinem Freund, dem Müller, um einen Sack Mehl zu holen. „Wie wirst du das Mehl nach Hause bekommen?“, fragte der Müller.

„Ich schwimme damit den Fluss hoch“, antwortete Frosch.

„Aber dann wird das Mehl nass“, warnte ihn der Müller, „und dann kannst du es nicht mehr gebrauchen.“

„Oh“, antwortete Frosch. „Darüber muss ich noch mal nachdenken.“

Als Nächstes ging Frosch zu seinem Freund Braune Kuh, um Milch zu holen. „Wie wirst du die Milch nach Hause bekommen?“, fragte Braune Kuh. „Oh, das weiß ich nicht“, murmelte Frosch. „Darüber muss ich noch mal nachdenken.“

Frosch besuchte Gefleckte Henne, um ein paar Eier zu holen. „Du kannst so viele nehmen, wie du willst. Aber wie willst du sie nach Hause tragen?“, fragte sie Frosch. „Ich klemme die Eier unter mein Kinn“, antwortete Frosch fröhlich. „Aber vielleicht lässt du sie fallen, und dann zerbrechen sie“, antwortete Gefleckte Henne. „Oh“, quakte Frosch, und eine Träne rollte ihm aus dem Augenwinkel. „Darüber muss ich noch mal nachdenken.“

Traurig und mit leeren Händen kehrte Frosch zu seinem Seerosenblatt zurück. Er war müde und schlummerte ein.

„Herzlichen Glückwunsch zum Geburtstag …“ Plötzlich war Frosch hellwach! Am Ufer des Teichs standen alle seine Freunde und sangen. Der Müller trug einen Geburtstagskuchen. „Aber … wie?“, rief Frosch atemlos. „Wir wollten dich überraschen“, sagte der Müller. „Braune Kuh hat für die Milch gesorgt, Gefleckte Henne hat ein paar Eier gelegt, und ich habe die Zutaten mit meinem Mehl gemischt und einen Kuchen für dich gebacken.“

„Toll! Ich danke euch“, freute sich Frosch. „Aber ich wollte einen Kuchen backen, um euch zu überraschen.“

„Tja“, lachten seine Freunde, „darüber musst du noch mal nachdenken!“

Ärgerlich

Aus der Mühle schaut der Müller, der so gerne mahlen will.
Stiller wird der Wind und stiller, und die Mühle stehet still.
So geht's immer, wie ich finde, rief der Müller voller Zorn.
Hat man Korn, fehlt's am Winde. Hat man Wind, fehlt das Korn.

Ein Mann ging zum Mähen

Ein Mann, der ging zum Mähen,
Zum Mähen, zum Mähen,
Ein Mann mit seinem Hund. – Und?
Wollte mähen das Gras.
Zwei Männer gingen zum Mähen,
Zum Mähen, zum Mähen,
Ein Mann und ein Mann mit seinem Hund. – Und?
Wollten mähen das Gras.
(Du kannst weitere Strophen anfügen,
so weit Du zählen kannst.)

Der Bienenstock

Seht den Bienenstock. Wo sind nur die Bienen?
Tief drinnen im Versteck, wenn sie nicht der Königin dienen.
Doch kriechen sie hervor und schwirren aus dem Tor ...
Eins, zwei, drei, vier, fünf!

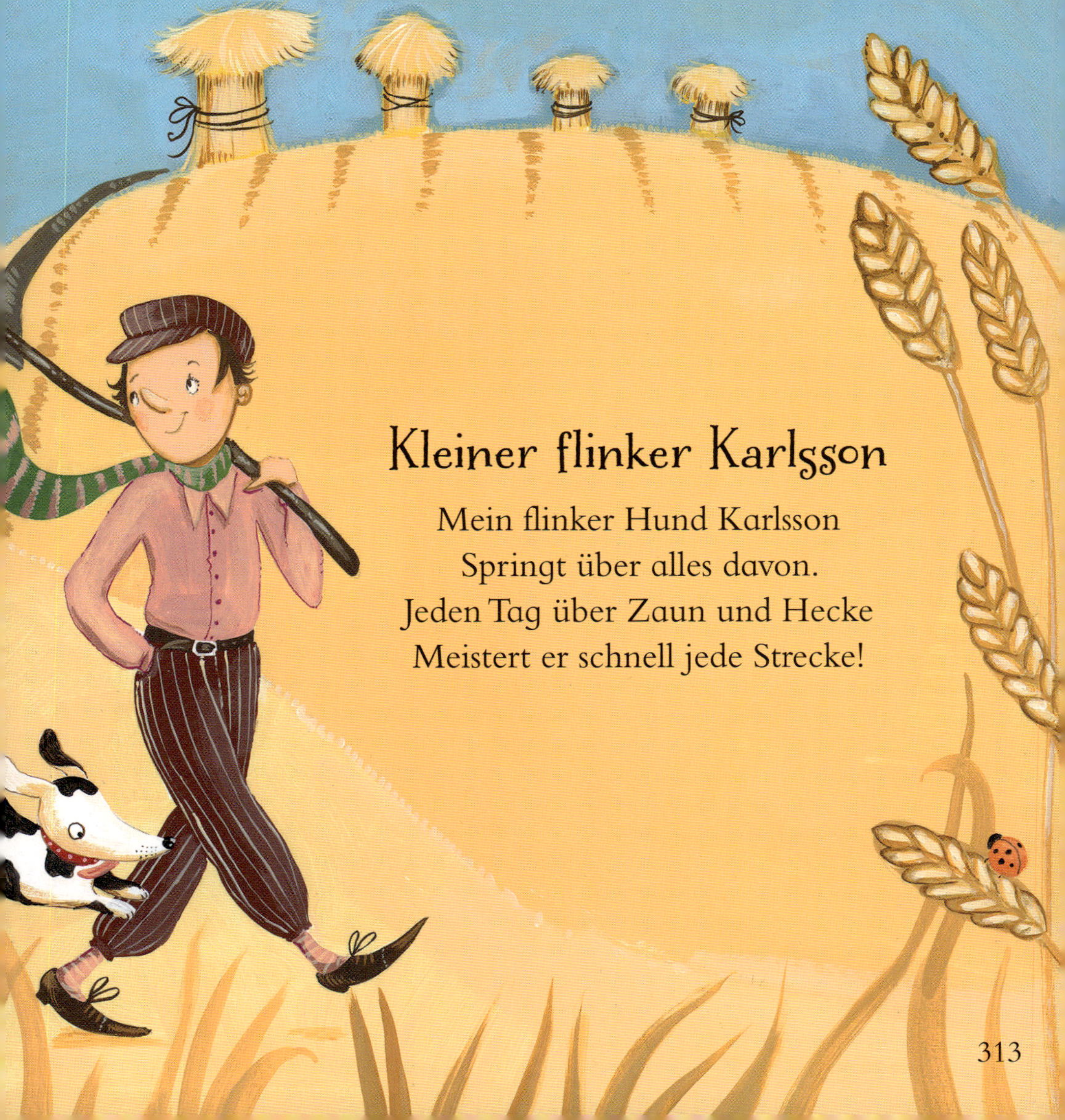

Kleiner flinker Karlsson

Mein flinker Hund Karlsson
Springt über alles davon.
Jeden Tag über Zaun und Hecke
Meistert er schnell jede Strecke!

Jades erstes Rennen

Es war Jades allererstes Rennen. Sie, das grüne Auto, war sehr aufgeregt und konnte nicht aufhören, zu grinsen.

„Ich hoffe, ich gewinne eine Medaille!", rief sie. Aber etwa in der ersten Kurve der Strecke sah sie Ruby, das rote Auto, das einen platten Reifen hatte. Also hielt Jade an, um ihn zu wechseln. In der nächsten Kurve brauchte Yasmin, das gelbe Auto, Hilfe. „Ich brauche Wasser!", japste sie. Also gab Jade ihr etwas Wasser. In der nächsten Kurve sah sie Ben, das blaue Auto. „Ich habe kein Benzin mehr!", stotterte Ben. Jade lieh ihm etwas Benzin und Ben raste davon. Aber nachdem Jade allen anderen Autos geholfen hatte, kam sie am Ende des Rennens als Letzte an. „Jetzt bekomme ich nie eine Medaille", seufzte sie und schaltete ihre Scheinwerfer aus, als die anderen Autos sich um sie versammelten.

„Jade ist Letzte geworden, weil sie angehalten hat, um uns zu helfen", sagte Ruby. „Sie ist die echte Siegerin", sagte Yasmin. „Jade verdient eine Medaille", sagte Ben. „Dreimal Prost auf das netteste Auto des Rennens!"

Braunbärs Busfahrt

Jeden Tag brauste ein glänzender blauer Bus voller Leute an Braunbärs Zuhause vorbei. „Ich wünschte, ich könnte in diesem Bus mitfahren“, murmelte er. „Wohin er wohl fährt?“

Dann, eines Morgens, flog eine Busfahrkarte vor seiner Höhle ins Gras. Er hob sie mit zitternden Tatzen auf. Sein Traum war Wirklichkeit geworden! Als Braunbär in den Bus kletterte, würgte der Fahrer vor Schreck den Motor ab, und die Fahrgäste kreischten. Braunbär konnte nicht verstehen, warum alle so ängstlich aussahen. Aber ein kleines Mädchen hatte keine Angst. „Hallo“, lächelte sie und ließ ihre Hand in seine Tatze gleiten. „Ich bin Ella.“ Als die anderen Fahrgäste sahen, wie mutig Ella war, kamen sie sich dumm vor. Alle schüttelten Braunbär die Hand, während der Bus am Bauernhof vorbei durch die Stadt und über die Brücken fuhr. Nun kannte Braunbär die Strecke, die der Bus fuhr! Am Ende der Fahrt gab Ella ihm einen Kuss, und die Fahrgäste umarmten ihn zum Abschied. „Komm bald wieder“, sagten sie. „Dieser Bus ist jetzt bärenfreundlich!“

Zwei kleine Einhörner

Es waren einmal zwei kleine Einhörner. Sie hießen Lottie und Lulu und lebten mit ihrer Mutter in einer Höhle. Einhörner sind magische Wesen, und ihre gedrehten Hörner stecken voller Zaubersprüche und Zauberei. Aber kleine Einhörner müssen ihre Zauberkünste erst lernen …

Eines Tages ging die Mutter von Lottie und Lulu Freunde besuchen. Sobald sie nicht mehr zu sehen war, strahlten sich Lottie und Lulu mit einem breiten Lächeln an. „Wir werden sie überraschen“, sagte Lottie. „Lass uns zaubern, dass die Höhle aufgeräumt ist.“ Lottie sagte den ersten Zauberspruch, und aus ihrem gedrehten Horn sprühten lila Funken auf einen unordentlichen Heuhaufen in der Ecke. Aber statt ihn aufzuräumen, färbte der Zauberspruch das Heu lila. „Lass mich mal versuchen“, sagte Lulu. Als sie ihren Spruch sagte, zischten grüne Funken aus ihrem gedrehten Horn und trafen eine Schale Äpfel. Sie verwandelten die Äpfel in Käfer und schwirrten davon. „Lass uns Staub wischen“, sagte Lottie. Sie versuchte, den Staub wegzuzaubern, aber stattdessen verwandelte er sich in eine glitzernde Wolke. „Oh nein! Was für eine Unordnung“, keuchte Lulu. Er wurde schlimmer und schlimmer. Alles ging schief. Sie machten ihre Betten mit Honig statt mit Heidekraut. Sie ließen blaue Kornblumen von der Zimmerdecke hängen. Die Bänder, mit denen ihre Mutter ihre Mähne schmückte, verwandelten sich in Schmetterlinge.

Und in diesem Moment kam ihre Mutter zurück. „Ach herrje“, sagte sie und schaute sich das Chaos an. „Es tut uns leid“, sagte Lulu. „Wir wollten dir helfen, aber keiner unserer Zaubersprüche hat geklappt.“ Ihre Mutter hätschelte sie beide. „Ist schon in Ordnung“, sagte sie. „Es ist ziemlich unordentlich, aber ich glaube, so hübsch bunt hat die Höhle noch nie ausgesehen!“

Aus einem ausgetretenen Schuh

Aus einem ausgetretenen Schuh
Kam selten die alte Matrone heraus.
Sie machte gar kein großes Getu'
Um die vielen Kinder in ihrem Haus.

Sie gab ihnen selten zu essen
Und sorgte sich nicht um sie.
Beinahe hätt sie alle vergessen …
Doch zuvor ist das Gedicht schon aus.

Der Wurm

Arabella Kraus von Sturm
Hatte einen kleinen Wurm,
Der kroch dem Onkel durch das Haar,
Doch als er bei der Tante war,
Schrie diese auf, ganz ungestüm:
„Entferne dieses Ungetüm!"

Fips

Ein kleiner Hund mit Namen Fips
Erhielt vom Onkel einen Schlips
Aus gelb und roter Seide.

Die Tante aber hat, o denkt,
Ihm noch ein Glöcklein drangehängt
Zur Aug- und Ohrenweide.

Hei, ward der kleine Hund da stolz.
Das merkt sogar der Kaufmann Scholz
Im Hause gegenüber.

Den grüßte Fips sonst mit dem Schwanz;
Jetzt ging er voller Hoffart ganz
An seiner Tür vorüber.

Es war einmal

Es war einmal ’ne alte Dame, stets heiter und gesund.
Die lebte in ’nem winz’gen Haus auf einer kleinen Lichtung.
Da kam ein Mann vorbei, riss auf seinen riesigen Mund,
Und verschluckte die Dame, mitsamt dem Haus,
In einem Schwung!

Aladin

Es war einmal ein Junge namens Aladin. Er und seine Mutter waren so arm, dass sie kaum Geld für Essen hatten. Eines Tages kam ein Mann in ihre Hütte, der sagte, er sei Aladins verschollener Onkel und er könne Aladin helfen, reich zu werden. Aladin und seine Mutter freuten sich.

Aladin reiste mit dem Mann in die Wüste, bis sie zu einem Felsen kamen. Den schob der Mann beiseite, und dahinter kam eine verborgene Höhle zum Vorschein. „Klettere in diese Höhle hinab und hole mir die Lampe, die dort liegt“, sagte er. „Berühre nichts außer der Lampe und trage zu deinem Schutz diesen Zauberring.“ Aladin kletterte in die Höhle. Dort bekam er große Augen: Gold und Juwelen häuften sich bis unter die Decke. Aber er fasste nichts an. Schließlich fand er eine unscheinbare Messinglampe. „Gib sie mir“, sagte der Onkel, „dann helfe ich dir heraus.“

„Hilf mir zuerst, Onkel“, antwortete Aladin, „dann gebe ich dir die Lampe.“

„Nein!“, rief der Mann. „Gib mir erst die Lampe!“ Als Aladin sich weigerte, wurde der Mann wütend. Er rollte den Felsen wieder vor den Höhleneingang, und Aladin saß im Dunkeln fest. „Onkel, lass mich raus!“, rief Aladin. „Ich bin nicht dein Onkel!“, schrie der Mann zurück. „Ich bin ein Zauberer! Wenn du mir die Lampe nicht gibst, wirst du da unten bleiben!“ Aladin rang verzweifelt die Hände. Dabei rieb er den Zauberring an seinem Finger. Plötzlich sprang ein Geist heraus! „Was wünscht Ihr, oh Meister?“ Völlig erstaunt bat Aladin den Geist, ihn nach Hause zu bringen, was sogleich geschah.

Am nächsten Tag schaute sich Aladin die Lampe an und fing an, sie zu polieren, denn er hoffte, er könnte sie verkaufen. Als er die Lampe rieb, erschien ein weiterer Geist. „Ich bin der Geist der Lampe. Was wünscht Ihr, oh Herr?“, fragte der Geist. Dieses Mal bat Aladin den Geist um Essen und Geld, damit er und seine Mutter gut leben konnten.

So verging eine gute Zeit, bis Aladin eines Tages die schöne Tochter des Königs sah. Er verliebte sich in sie, doch wie konnte er eine Prinzessin heiraten? Plötzlich hatte er eine Idee: Er bat den Geist um prächtige Geschenke für die Prinzessin.

Als die Prinzessin sich bei Aladin für die Geschenke bedankte, verliebte sie sich in ihn. Sie heirateten, und Aladin bat den Geist, ihnen ein schönes Schloss zu bauen.

Als er hörte, dass ein wohlhabender Fremder die Prinzessin geheiratet hatte, ahnte der Zauberer, dass Aladin mit der Lampe aus der Höhle entkommen war. Eines Tages, als Aladin nicht da war, verkleidete sich der Zauberer als armer Händler. Vor dem Schloss rief er: „Neue Lampen im Tausch gegen alte!“ Aladins Frau fiel die hässliche Messinglampe ihres Mannes ein, und sie brachte sie dem Mann. Der Zauberer riss sie ihr aus der Hand, rieb die Lampe und befahl dem Lampengeist, das Schloss und die Prinzessin weit fort zu bringen.

„Wo ist meine Frau?“, rief Aladin, als er heimkam. Verzweifelt rang er die Hände. Dabei rieb er den Ring, und der erste Geist erschien. „Bitte bring mir meine Frau und mein Schloss zurück!“, bat Aladin. Aber der Geist des Ringes war schwächer als der Geist der Lampe. „Dann bring mich zu ihr, damit ich sie zurückgewinnen

kann!“, sagte Aladin. Sogleich befand er sich in einer fremden Stadt, aber da war sein eigenes Schloss. Durch ein Fenster sah er seine Frau weinen und den Zauberer schlafen. Wütend stieg er durchs Fenster ins Schloss und schlich zum Schlafzimmer. Vorsichtig zog er die Zauberlampe unter dem Kissen des Zauberers hervor und rieb sie. „Was wünscht Ihr, Meister?“, fragte der Geist. „Bring uns sogleich nach Hause“, sagte Aladin. „Und sperre diesen Zauberer für tausend Jahre in die Höhle!“ Im selben Augenblick war das Schloss wieder dort, wo es hingehörte. Ohne den Zauberer waren Aladin und die Prinzessin sicher. Sie lebten noch lange glücklich miteinander und brauchten den Geist nie wieder zu rufen.

Mit den Lämmchen zu Bett

Zu Bett mit den Lämmchen,
Geweckt von den Lerchen im Wald.
Beeilt euch, liebe Kinder,
Denn dunkel wird's bald.

Die Drossel

Hallo, kleine Drossel,
Sag, wo ist dein Nest?
Dort drüben im Wald,
Im hohen Geäst!

Hopp, hopp, hopp

Hopp, hopp, hopp,
Pferdchen, lauf Galopp!
Über Stock und über Steine,
Aber brich dir nicht die Beine!
Hopp, hopp, hopp!
Pferdchen, lauf Galopp!

Familie Rotkehlchen

Rotkehlchen und Rotkehlchens Sohn,
Die flogen einst zum Bäcker davon:
„Dein Brötchen – mit Rosinen oder ohne?"
Doch Vaters Frage interessierte den Sohn
Nicht die Bohne!

Der seltsame Elefant

Gar seltsam ist der Elefant, bedenkt man es genau.
So riesig wie ein Haus ist er,
Und seine Haut ist grau.
Die Ohren sind wie Teller groß
Und vorn der Rüssel lang.
Hinten sitzt ein Stummelschwanz – vor Mäusen ist er bang.

Der Schatz der Meerjungfrau

Eines Morgens, als die Meerjungfrau Perle in einem Riff spielte, entdeckte sie zwischen den Korallen eine große Seemannskiste. Sie schwamm näher. „Sie muss von einem Schiff gefallen sein", rief sie. „Ich frage mich, was da wohl drin ist!" Aber als sie versuchte, den Deckel zu heben, bemerkte sie, dass die Kiste abgeschlossen war. „Oje", schimpfte Perle. „Jetzt möchte ich erst recht hineinschauen!" Sie versuchte, den Deckel mit einer Muschelschale aufzubrechen, aber er bewegte sich nicht. Also bat sie ihre größten und stärksten Freunde um Hilfe. Hai versuchte, ein Loch hineinzubeißen. Krake schlang seine Tentakel um die Kiste und versuchte, sie aufzuquetschen. Wal versuchte, die Kiste mit seinem Gewicht aufzudrücken. „Es hat keinen Zweck", seufzte Perle. „Wir bekommen sie nie auf." „Darf ich mal versuchen?", piepste ihr eine Stimme ins Ohr. Perle drehte sich um und sah eine winzige Krabbe, die nicht größer war als ihr Fingernagel. Sie lächelte ihr zu. Wie sollte jemand, der so klein war, die Kiste öffnen können? „Natürlich darfst du", sagte sie höflich. Die kleine Krabbe krabbelte durch das Schlüsselloch. Perle, Hai, Krake und Wal sahen dabei zu, wie sie mit ihren spindeldürren Beinchen in das Schloss griff. Dann machte es laut klick – und die Kiste war offen!

Die Krabbe schwamm hinaus und sah sehr selbstzufrieden aus. „Gut gemacht!“, rief Perle. Langsam hob sie den Deckel. Die Kiste war voller Männerkleidung! Perle lehnte sich zurück und lachte laut. „Ein armer Seemann hat sein Gepäck verloren“, kicherte sie. „Ich nehme an, das war sein Schatz!“ Sie sah ihre Freunde an und musste wieder lachen. „Guckt nicht so enttäuscht“, sagte sie dann. „Wir haben zwar keinen Goldschmuck gefunden, aber einen sehr klugen neuen Freund.“ Die kleine rosafarbene Krabbe wurde leuchtend rot!

Der fehlende Nagel

Ein Nagel fehlte, da ging das Hufeisen verloren.
Ein Hufeisen fehlte, da ging das Pferd verloren.
Ein Pferd fehlte, da ging der Reiter verloren.
Der Reiter fehlte, da ging die Nachricht verloren.
Die Nachricht fehlte, da fühlte sich der König verloren,
Der darauf nervös auf und ab lief und in einen Nagel trat.

Erbsbrei

Erbsbrei, grün und heiß,
Erbsbrei, grün und kalt,
Erbsbrei, grün, im tiefen Topf – neun Tage alt.
Manche mögen's heiß,
Manche mögen's kalt,
Manche mögen's nur im Topf –
Neun Tage alt!

Rumpdidumpdi

Rumpdidumpdi, klecks, klecks.
Hätt ich ein lecker Essen,
Ich würd es essen jetzt!

Eiscreme

Erdbeer, Banane, Stracciatella
Und Mokka –
Vier Kugeln Eis schafft jedes
Kind locker.

Wir wollen Eis

Ist es im Sommer heiß,
Wie du und ihr ich schrei's:
Wir wollen Eis!

Ich traf einen Mann

Ich ging die Trepp' hinauf
Zu Omama.
Da traf ich einen Mann,
Der war nicht da.
Heut war er auch nicht da –
Welch ein Schreck,
Ich wünschte, er ginge endlich weg!

Das kleinste Schweinchen

Das kleine Schweinchen hatte ein großes Geheimnis. Es kuschelte sich mit seinen Geschwistern ins warme Stroh und lächelte geheimnisvoll. Vielleicht war es doch nicht so schlecht, das kleinste Schwein von allen zu sein ...

Vor gar nicht langer Zeit fühlte sich das kleine Schweinchen von allen zurückgesetzt. Es war das jüngste und bei Weitem das kleinste Schwein der Familie. Seine fünf Brüder und fünf Schwestern waren alle viel größer und fetter. Seine Geschwister drängelten sich bei der Fütterung vor und fraßen hastig, bis nichts mehr übrig war. Wie sollte das Schweinchen da nur jemals größer werden?

Doch eines Tages machte das kleine Schweinchen eine Entdeckung. Aus seiner Ecke des Schweinekobens fiel sein Blick plötzlich auf ein kleines Loch in der Stallwand hinter dem Futtertrog.

Es wartete geduldig bis zum Abend. Und als alle Geschwister schliefen, zwängte es sich durch das Loch in der Stallwand. Mit einem Mal war es draußen! Es konnte gehen, wohin es wollte! Und sein Abenteuer begann:

Zuerst lief es zum Hühnerhaus und schleckte das Hühnerfutter auf. Als Nächstes kam das Gemüsebeet an die Reihe, wo es eine ganze Reihe Kohlköpfe fraß. Welch ein Fest! Als sein kleiner Bauch zum Platzen gefüllt war, schlenderte es langsam nach Hause.

Nacht für Nacht hatte das Schweinchen genussvolle Abenteuer. Manchmal fand es den Napf vom Hofhund randvoll mit Essensresten oder Hafer für die Pferde. Wochen vergingen, und das Schweinchen wurde immer größer und fetter. Das kleine Schweinchen wusste, dass es bald nicht mehr durch das Loch passen würde, aber dann würde es groß genug sein, um neben den Geschwistern bestehen zu können. Doch bis dahin genoss es sein Geheimnis!

Der Frosch

Ein kleiner Frosch saß einst im Gras
Am Teich im Regen und wurde nass.
Da kam eine Schnecke mit ihrem Haus,
Die lachte unser Fröschlein aus:
Nun mach doch nicht so ein trübes Gesicht,
Geh ins Wasser, da spürst du den Regen nicht!

Der grüne Frosch

Der grüne Frosch, der sitzt am Teich
Und hütet seinen frischen Laich.
Die Sonne scheint darauf vom Himmel,
Und bald beginnt ein wahres Gewimmel.
Die Kaulquappen schlüpfen
Und suchen ihr Glück
Und kehren flugs als Frösche zurück.

Ein Matrose fuhr zur See

Hast du jemals – so was soll es geben –
In deinem langbeinigen Leben
Einen langbeinigen Matrosen gesehn
Mit einer Freundin aus Athen?

Ich habe niemals – so was soll es geben –
In meinem langbeinigen Leben
Einen langbeinigen Matrosen gesehn
Mit einer Freundin aus Athen.

Ruba-duba-Wonne!

Ruba-duba-Wonne!
Drei Männer in der Tonne:
Sag, wer sind die drei nur?
Ein Bäcker, ein Fleischer, ein Wachskerzendreher?
Ehrliche Häute? – Keine Spur!

Die rosa Prinzessin

Prinzessin Sophie liebte die Farbe Rosa. Sie lebte in einem leuchtend rosa Zimmer mit einem großen rosa Bett. Sie besaß einen riesigen rosa Schrank voller rosa Rüschenkleider. Sie hatte rosenblütenrosa Schuhe und einen rosa Stirnreif.

Eines Tages erhielt Sophie Besuch von Prinzessin Zoe. Sie brachte Prinzessin Sophie eine wunderhübsche Kette mit. Damit gab es nur ein Problem … „Sie ist gar nicht rosa!“, weinte Prinzessin Sophie. Die Kette passte überhaupt nicht zu ihren rosa Kleidern und Schuhen oder zu ihrem rosa Stirnreif.

„Komm“, sagte Prinzessin Zoe, „lass uns im Garten spielen!“ Prinzessin Sophie steckte die Kette in ihre Tasche und folgte Prinzessin Zoe. Im Garten pflückte Prinzessin Zoe eine wunderschöne rote Blume. Prinzessin Sophie sah sie staunend an. „Ich weiß nicht, ob wir Blumen pflücken dürfen“, sagte sie.

„Warum nicht?“, fragte Prinzessin Zoe und pflückte Blumen in verschiedenen Farben.

Prinzessin Sophie pflückte eine violette Blüte und steckte sie sich ins Haar – genau wie Prinzessin Zoe.

Prinzessin Zoe kletterte auf einen hohen Baum. „Prinzessinnen klettern nicht auf Bäu-

me!“, rief Prinzessin Sophie und schnappte nach Luft.

„Warum nicht?“, rief Prinzessin Zoe. „Schau mal, hier oben sind lauter bunte Bänder!“

Prinzessin Sophie kletterte auch auf den Baum und sah, dass es die Bänder eines Drachens waren, der ihr davongeflogen war. Prinzessin Zoe löste die Bänder von den Ästen und band sich und Sophie eins um.

„Fang mich, wenn du kannst!“, rief Prinzessin Zoe, als sie den Baum hinunterkletterte und zum Seerosenteich lief.

Eine Libelle flog übers Wasser, und ihre Flügel schillerten in allen Farben. Sie landete genau auf Prinzessin Zoes ausgestreckter Hand. Prinzessin Sophie sprang erschreckt zurück.

„Sie mag nichts, was nicht rosa ist“, flüsterte Prinzessin Zoe der Libelle zu. „Doch!“, rief Prinzessin Sophie laut. „Ich mag bunte Blumen und grünes Gras – und den blauen Teich und die schimmernde Libelle mit den farbenprächtigen Flügeln!“

„Jetzt probier mal deine neue Kette an“, schlug Prinzessin Zoe vor. Prinzessin Sophie bewunderte ihr buntes Spiegelbild im Teich. Dann lächelte sie. „Macht gar nichts, dass es keine rosa Kette ist“, sagte sie. „Denn ich bin schon längst keine rosa Prinzessin mehr!“

Falle, leuchtend Sternlein!

Falle, leuchtend Sternlein!
Heut wirst du der Erste sein.
Ich mach schnell die Augen zu
Und wünsch mir was. Erfüll es du!

Willi, der Nachtwächter

Willi, der Nachtwächter,
Läuft im Hemd durch alle Gassen.
Die eine Trepp hinauf, die andre hinab,
Denn er will kein Kind verpassen.
Er klopft an jedes Fenster,
Schaut durchs Schlüsselloch jeder Tür:
Gehn die Kinder nun ins Bett?
Schon ist Nacht – auch bei dir!

Ein Matrose fuhr zur See

Hast du jemals – so was soll es geben –
In deinem langbeinigen Leben
Einen langbeinigen Matrosen gesehn
Mit einer Freundin aus Athen?

Ich habe niemals – so was soll es geben –
In meinem langbeinigen Leben
Einen langbeinigen Matrosen gesehn
Mit einer Freundin aus Athen.

Ruba-duba-Wonne!

Ruba-duba-Wonne!
Drei Männer in der Tonne:
Sag, wer sind die drei nur?
Ein Bäcker, ein Fleischer, ein Wachskerzendreher?
Ehrliche Häute? – Keine Spur!

Die rosa Prinzessin

Prinzessin Sophie liebte die Farbe Rosa. Sie lebte in einem leuchtend rosa Zimmer mit einem großen rosa Bett. Sie besaß einen riesigen rosa Schrank voller rosa Rüschenkleider. Sie hatte rosenblütenrosa Schuhe und einen rosa Stirnreif.

Eines Tages erhielt Sophie Besuch von Prinzessin Zoe. Sie brachte Prinzessin Sophie eine wunderhübsche Kette mit. Damit gab es nur ein Problem … „Sie ist gar nicht rosa!“, weinte Prinzessin Sophie. Die Kette passte überhaupt nicht zu ihren rosa Kleidern und Schuhen oder zu ihrem rosa Stirnreif.

„Komm“, sagte Prinzessin Zoe, „lass uns im Garten spielen!“ Prinzessin Sophie steckte die Kette in ihre Tasche und folgte Prinzessin Zoe. Im Garten pflückte Prinzessin Zoe eine wunderschöne rote Blume. Prinzessin Sophie sah sie staunend an. „Ich weiß nicht, ob wir Blumen pflücken dürfen“, sagte sie.

„Warum nicht?“, fragte Prinzessin Zoe und pflückte Blumen in verschiedenen Farben.

Prinzessin Sophie pflückte eine violette Blüte und steckte sie sich ins Haar – genau wie Prinzessin Zoe.

Prinzessin Zoe kletterte auf einen hohen Baum. „Prinzessinnen klettern nicht auf Bäu-

me!“, rief Prinzessin Sophie und schnappte nach Luft.

„Warum nicht?“, rief Prinzessin Zoe. „Schau mal, hier oben sind lauter bunte Bänder!“

Prinzessin Sophie kletterte auch auf den Baum und sah, dass es die Bänder eines Drachens waren, der ihr davongeflogen war. Prinzessin Zoe löste die Bänder von den Ästen und band sich und Sophie eins um.

„Fang mich, wenn du kannst!“, rief Prinzessin Zoe, als sie den Baum hinunterkletterte und zum Seerosenteich lief.

Eine Libelle flog übers Wasser, und ihre Flügel schillerten in allen Farben. Sie landete genau auf Prinzessin Zoes ausgestreckter Hand. Prinzessin Sophie sprang erschreckt zurück.

„Sie mag nichts, was nicht rosa ist“, flüsterte Prinzessin Zoe der Libelle zu. „Doch!“, rief Prinzessin Sophie laut. „Ich mag bunte Blumen und grünes Gras – und den blauen Teich und die schimmernde Libelle mit den farbenprächtigen Flügeln!“

„Jetzt probier mal deine neue Kette an“, schlug Prinzessin Zoe vor. Prinzessin Sophie bewunderte ihr buntes Spiegelbild im Teich. Dann lächelte sie. „Macht gar nichts, dass es keine rosa Kette ist“, sagte sie. „Denn ich bin schon längst keine rosa Prinzessin mehr!“

Falle, leuchtend Sternlein!

Falle, leuchtend Sternlein!
Heut wirst du der Erste sein.
Ich mach schnell die Augen zu
Und wünsch mir was. Erfüll es du!

Willi, der Nachtwächter

Willi, der Nachtwächter,
Läuft im Hemd durch alle Gassen.
Die eine Trepp hinauf, die andre hinab,
Denn er will kein Kind verpassen.
Er klopft an jedes Fenster,
Schaut durchs Schlüsselloch jeder Tür:
Gehn die Kinder nun ins Bett?
Schon ist Nacht – auch bei dir!

Guten Abend, gut' Nacht

Guten Abend, gut' Nacht,
Mit Rosen bedacht,
Mit Näglein besteckt,
Schlüpf unter die Deck:

Morgen früh, wenn Gott will,
Wirst du wieder geweckt,
Morgen früh, wenn Gott will,
Wirst du wieder geweckt.

Guten Abend, gut' Nacht,
Von Englein bewacht,
Die zeigen im Traum
Dir Christkindleins Baum:

Schlaf nun selig und süß,
Schau im Traum 's Paradies,
Schlaf nun selig und süß,
Schau im Traum 's Paradies.

Diedel-dudel Dummerjan

Diedel-dudel Dummerjan, mein Sohn Florian
Behält im Bett die Hosen an.
Ein Fuß ist nackt, der andre steckt im Schuh –
Diedel-dudel Dummerjan, schlaf in Ruh.

Die Eule und die Katze

Die Eule und die Katze
Fuhren hinaus aufs Meer.
Die Katze schlug ängstlich mit der Tatze,
Das Boot wankte hin und her.
Da nahm die Eule die Gitarr'
Und sang ein Lied mit dem Wind:
„O du meine Katz, welch ein schönes Paar
Wir zwei in dieser Nacht sind,
Welch ein glückliches Paar – welch schönes Paar wir sind!"
Die Katz sprach zur Eul: „Du bist ein Galan!
Und, ach, so schön kannst du singen!
Lass uns ein Paar sein von nun an.
Doch wie kommen wir zu zwei Ringen?"
So fuhr'n sie übers Meer, und nach Jahr und Tag
Erblickten sie von Weitem einen Strand.

Ein kleines Schweinchen, so rosig wie nie,
Mit Ringen in der Nase dort stand.
„Ach, schenk uns, liebes Schweinchen, deine Ringelein
Zur Hochzeit!“ Das Schweinchen grunzt: „Gern!“
Und so luden sie bald zu ihrem Feste ein.
Und alle Tiere kamen, von nah und fern.

Die Schneekönigin

Es war einmal ein besonders böser Teufel, der erschuf einen verzauberten Spiegel. Alles, was man darin sah, sah hässlich und gemein aus. Eines Tages zersprang der Spiegel in winzige Splitter. Sie gelangten in die Augen der Menschen und ließen alles schlecht aussehen. Einige Splitter gerieten auch in ihre Herzen und machten sie böse und mürrisch.

Ein paar Splitter vom Spiegel schwebten bis zu einem weit entfernten Ort, an dem zwei befreundete Nachbarskinder lebten, die Gerda und Kay hießen. Die beiden verbrachten viele Tage miteinander. Im Winter erzählte ihnen Gerdas Großmutter wunderschöne Geschichten, während draußen die Schneeflocken wirbelten. „Das Winterwetter bringt die Schneekönigin“, pflegte sie zu sagen. „Sie späht in die Fenster und hinterlässt Eisblumen auf den Scheiben.“

Im Sommer spielten die Kinder auf der kleinen Dachterrasse zwischen ihren Häusern. Eines sonnigen Tages lasen sie zusammen, als Kay plötzlich einen Schrei ausstieß. Splitter des Teufelsspiegels hatten sich in sein Auge und in sein Herz gebohrt.

Kay hatte den ganzen Sommer und Herbst schlechte Laune, und auch noch, als der Winter kam. An einem verschneiten Tag rannte Kay mit seinem Schlitten davon. Plötzlich sauste ein großer weißer Schlitten vorbei, und Kay hängte sich blitzschnell mit seinem Schlitten hintendran. Als der Schlitten nach langer Fahrt endlich anhielt, bemerkte Kay, dass er der Schneekönigin aus der Geschichte von Gerdas Großmutter gehörte! Die Königin küsste Kay auf die Stirn, und ihre eisige Berührung ließ sein Herz erfrieren. Er vergaß Gerda und sein Zuhause.

Gerda vermisste Kay. Sie suchte ihn in der ganzen Stadt und dann unten am Fluss, aber er war nicht dort. Als sie gerade aufgeben wollte, sah Gerda im Schilf ein kleines Boot liegen. „Vielleicht trägt mich der Fluss zu Kay“, dachte sie. Sie stieg hinein, und das Boot glitt davon. Gerda ließ sich viele Stunden lang treiben, bis das Boot schließlich ein Ufer erreichte. Ein großer Rabe hüpfte auf sie zu. „Ich glaube, ich habe deinen Freund gesehen“, sprach der Rabe. „Ein junger Mann – das könnte er sein – hat ganz in der Nähe eine Prinzessin geheiratet. Ich bringe dich dorthin." In der Nacht brachte der Rabe Gerda zum Schloss, aber der Prinz war nicht Kay. Arme Gerda! Sie war hungrig und weit weg von zu Hause. Sie erzählte dem Prinzen und der Prinzessin ihre Geschichte, und diese versprachen, ihr zu helfen. Am nächsten Morgen bekam Gerda warme Sachen und einen goldenen Schlitten. Damit fuhr sie los in den Wald, aber schon bald wurde sie von einer Räuberbande erspäht. „Dieser Schlitten ist aus purem Gold!", zischten sie. Die Räuber nahmen Gerda gefangen. Da erschien plötzlich die Tochter des Räuberhauptmanns. Das Mädchen war einsam und freute sich auf eine neue Freundin. „Bitte behandelt sie gut!", bat das Räubermädchen. „Sie kann bei mir bleiben." Gerda war dem Räubermädchen für seine Freundlichkeit dankbar. Drinnen traf Gerda das zahme Rentier des Räubermädchens. Als Gerda ihren neuen Freunden von Kay erzählte, begann das Rentier zu sprechen und sagte, dass Kay bei der Schneekönigin sei.

„Ich kenne den Weg zu ihrem Schloss", fügte das Rentier hinzu. „Ich bringe dich hin." Es war eine lange Reise, aber schließlich kamen sie vor dem Schloss an. Im Eispalast hielt die schöne Schneekönigin Kay immer noch in ihrem Bann. „Der Frühling kommt", bemerkte die Schneekönigin plötzlich. „Es ist Zeit für mich, es auf der anderen Seite der Erde schneien zu lassen!" Sie flog in ihrem Schlitten davon und ließ Kay allein zurück.

In diesem Moment schlich sich Gerda ins Schloss hinein. Sie rannte zu ihrem Freund und umarmte ihn. Ihre Tränen fielen auf seine Brust. Sie ließen sein kaltes Herz schmelzen. Kay weinte nun auch, und seine Tränen spülten den Glassplitter aus seinem Auge. Nun war er vom Zauberbann befreit!

Das Rentier trug Gerda und Kay nach Hause. „Großmutter!", rief Gerda. „Endlich sind wir wieder da!" Die alte Dame war glücklich, sie zu sehen, und umarmte sie fest. „Ich wusste, dass ihr eines Tages heimkommen würdet", sagte sie. Und die Kinder erzählten Gerdas Großmutter alles über ihre Abenteuer.

Der Bauer in der Scheun

Der Bauer in der Scheun,
Der Bauer in der Scheun,
Eiei, der Bauer in der Scheun.

Der Bauer will ein Weib,
Der Bauer will ein Weib,
Eiei, der Bauer will ein Weib.

Das Weib will ein Kind,
Das Weib will ein Kind,
Eiei, das Weib will ein Kind.

Das Kind will einen Hund,
Das Kind will einen Hund,
Eiei, das Kind will einen Hund.

Der Hund will einen Knochen,
Der Hund will einen Knochen,
Eiei, der Hund will einen Knochen.

Sie alle woll'n den Hund,
Sie alle woll'n den Hund,
Eiei, sie alle woll'n den Hund!

Katzen und Hunde

Hudel, schnudel, rund und bunt,
Die Katze mag den Pudelhund.
Die Katze in der Jacke,
Der Hund mit dem Hut,
Die wollen jetzt tanzen,
Das können sie gut.

Schau hier, die Kirche

Schau hier, die Kirche,
Und hier, die Kirchturmspitz.
Öffne ihre Tore – jeder auf einen Sitz!
Hier kommt der Pastor
Die Treppe hinauf – und sagt uns
Sein Gutenachtgebet auf.

Das Schwein

Das Schwein, das Schwein, das steckt
So recht voll Trotz und Eigensinn.
Wohin man 's gerne haben möcht',
Da will 's durchaus nicht hin.

Elsies Spielhütte

An einem heißen Sommertag sah Elsie ihren Vater in seinem Liegestuhl dösen.

„Papa“, rief sie. „Ich möchte so gerne eine Spielhütte im Garten haben. Baust du mir eine?“

„Natürlich, Elsie, was immer du willst“, antwortete ihr Papa schläfrig. Dann drehte er sich um und schlief wieder ein. Elsie lächelte und hüpfte glücklich fort. Sie konnte nicht abwarten, in ihrer neuen Hütte zu spielen!

„Ist die Spielhütte fertig, Papa?“, fragte Elsie eine Stunde später. Ihr Vater lag immer noch auf seinem Liegestuhl.

„Elsie, eine Spielhütte zu bauen, ist nicht so einfach!“, erklärte er. „Zuerst müssen wir einen Plan zeichnen, und dann …“

„Gut, Papa. Ich weiß genau, wie sie aussehen soll“, sagte Elsie. „Schau, ich habe ein Bild gemalt.“ Elsies Spielhütte hatte rosa Wände, vier kleine Fenster und eine knallrote Eingangstür.

„Aha, ich verstehe", seufzte ihr Vater, „aber zuerst muss ich etwas Holz finden …"

„Gut, Papa", kicherte Elsie. „Im Schuppen sind Holzbretter." Nach einer Stunde hatten sie genug Holz für die Spielhütte gesammelt. Elsies Papa glühte vor Hitze, er war voller Staub und ganz mit Spinnweben bedeckt.

„Kannst du dann jetzt anfangen, sie zu bauen, Papa?", fragte Elsie.

„Ach, hmm, tja, ich muss mein Werkzeug suchen …", stöhnte ihr Vater.

„Keine Sorge, Papa. Ich habe es dir schon geholt", grinste Elsie und gab ihm die Werkzeugkiste. Ihr Vater lachte. „Danke. Ich vermute, ich muss dann wohl jetzt wirklich anfangen!" Also hämmerte, bohrte, sägte und strich ihr Papa den restlichen Nachmittag über, bis es dunkel wurde … und er die Spielhütte fertig hatte! Sie sah genauso aus wie auf Elsies Bild. „Sie wird Elsie sehr gefallen", dachte ihr Vater erschöpft.

Er freute sich darauf, ihr Gesicht zu sehen. Aber als er ins Wohnzimmer kam, schlief Elsie dort tief und fest auf dem Sofa. „Elsie", rief er sanft. „Wach auf, deine Spielhütte ist fertig!"

„Danke, Papa", flüsterte Elsie. „Ich spiele morgen darin." Und sie schlief sofort wieder ein!

Weihnachten für beste Freundinnen

Sarah und Rosina waren beste Freundinnen. Als sie ihre Wunschzettel für Weihnachten schrieben, wünschten sie sich beide dasselbe: „Eine Babypuppe zum Spielen, und auch eine für meine beste Freundin."

Die Spielzeugmacher in der Spielzeugfabrik arbeiteten sehr hart, um auf Weihnachten vorbereitet zu sein. Sie packten Teddys, Brettspiele und Babypuppen in Säcke, damit das Christkind sie bringen konnte. Eines Morgens erlebten sie eine Überraschung. „Schau dir das an!", sagte einer der Spielzeugmacher und zeigte auf die Puppen. „Die beiden haben Freundschaft geschlossen!" Die beiden Babypuppen Janey und Lucy hielten sich an den Händen. Die Spielzeugmacher lächelten, lösten die Hände voneinander und packten die Puppen in verschiedene Säcke. Sie bemerkten nicht, wie traurig die Puppen aussahen.

Als Weihnachten war, packte Rosina eine große Schachtel aus und fand darin Janey. „Wie schön!“, sagte Rosina und knuddelte Janey. „Aber sie sieht etwas traurig aus.“ Sie lief zu Sarahs Haus am Ende der Straße. Sarah kam herausgerannt, um sie zu begrüßen. Sie hatte eine Babypuppe im Arm, die auch ein bisschen traurig aussah. „Das ist Lucy“, sagte Sarah. Janey und Lucy freuten sich sehr über das Wiedersehen und sahen überhaupt nicht mehr traurig aus. Plötzlich fiel Rosina auf, dass die kleinen Puppen glücklich guckten und sich mit funkelnden Augen ansahen. „Ich habe das Gefühl, dass die beiden beste Freundinnen werden, so wie wir“, sagte sie. „Vielleicht sind sie es schon“, meinte Sarah weise.

Feen-Freundinnen für immer

Die Fee Eloise war tief im Wald unter einer Nussschale gefangen, die von einem Baum gefallen war. So sehr sie es auch versuchte, sie konnte die schwere Schale nicht bewegen. Dann hob sich die Schale plötzlich, und ein kleines Mädchen blickte zu ihr herab. Eloise fürchtete sich vor Menschen, aber das Mädchen sah freundlich aus. „Danke“, sagte sie. „Wie heißt du?“

„Matilda“, flüsterte das Mädchen. „Bist du wirklich eine Fee?“ Plötzlich hatte Eloise eine Idee. Sie winkte mit ihrer Hand, und Matilda schrumpfte auf die Größe einer Fee. „Komm mit ins Feenland und finde es heraus!“, kicherte sie. Eloise zeigte Matilda alles in ihrem märchenhaften Zuhause. Sie tranken Tee in ihrem Fliegenpilzhaus und sammelten Brombeeren im Feenwald. Sie kicherten, erzählten sich Geheimnisse und fühlten sich bald so, als hätten sie sich schon immer gekannt.

Dann war es Zeit für Matilda, nach Hause zu gehen. Eloise schenkte ihr eine winzige Feenland-Blume.

„Ich werde dich niemals vergessen“, flüsterte sie.

„Ich dich auch nicht“, versprach Matilda, und sie verhakelten ihre kleinen Finger ineinander. „Feen-Freundinnen für immer!“

Winter-Schneeglöckchen

Eine Fee namens Schneeglöckchen saß an einem Wintertag auf einem Baum und hörte ein kleines Mädchen weinen. „Was hast du denn?“, fragte Schneeglöckchen. „Ich kann keine Blumen für den Geburtstag meiner Mutter finden“, schluchzte das Mädchen. Schneeglöckchen hatte Mitleid mit ihr. „Bring mir den glattesten Kieselstein, den du finden kannst“, sagte sie. „Dann vergrabe ihn unter dem Baum!“ Das kleine Mädchen suchte und suchte, und schließlich fand sie einen Kieselstein, der so glatt war wie Seide. Sie vergrub ihn, wie es ihr gesagt worden war, und klopfte die Erde platt. Dann winkte Schneeglöckchen mit ihrer Hand, und winzige Pflanzentriebe ragten aus dem Boden empor und begannen zu wachsen. Sie wurden höher und höher, bis sich strahlend weiße Schneeglöckchen öffneten. „Danke!“, sagte das kleine Mädchen und pflückte die Blumen. „Sie werden meiner Mutter sehr gefallen.“ Das kleine Mädchen sah die Fee nie wieder. Aber jedes Jahr am Geburtstag der Mutter nutzte die Fee ihre Zauberkräfte, und jedes Mal wartete ein Beet leuchtender Schneeglöckchen darauf, von dem kleinen Mädchen gepflückt zu werden.

Das Baby in der Wiege

Das Baby in der Wiege
Schaukelt vor und zurück.
Die Uhr auf der Kommode
Macht tick-tick-tick.
Der Regen am Fenster
Macht platsch-platsch-platsch.
Bald scheint die Sonne wieder,
Wir machen klatsch-klatsch-klatsch.

Wiege, wiege, Kindlein

Wiege, wiege, Kindlein, hoch oben im Baum.
Wind spielt am Körbchen, zerrt am Traum.
Ast bricht, Kindlein fängt an zu schrei'n;
Körbchen fällt – und mit ihm das Kindelein.

Ich sehe den Mond

Ich sehe den Mond, der Mond sieht mich.
Gott segne den Mond und segne auch mich.

Müde bin ich

Müde bin ich, geh zur Ruh',
Schließe beide Augen zu.
Vater, lass die Augen dein
Über meinem Bette sein!

Zu Bett, kleiner Tom!

Zu Bett, kleiner Tom!
Müde oder nicht:
Zu Bett, kleiner Tom!

Sonne, Mond und Sterne

Sonne, Mond und Sterne sehen Kinder gerne.
Sonne scheint von früh bis spät, bis das Kindlein schlafen geht.
Mond und Sterne halten Wacht,
Wenn das Kindlein schläft bei Nacht.

Prinzessin Ava und das große Lächeln

Prinzessin Ava war ein sehr lebhaftes Mädchen. Sie sprang immer herum und machte Dummheiten. Aber ihr Vater wollte, dass sie sich mehr wie eine Prinzessin benahm. „Du musst ernsthafter werden“, sagte der König zu seiner Tochter. Die Prinzessin blickte in das ernste Gesicht des Königs. Und dann sah sie sich seinen nach unten gezogenen Mund an. Da er sehr traurig wirkte, umarmte sie ihn und gab ihm einen Kuss. „Nicht ich muss ernsthaft werden“, sagte sie dem König, „du musst mehr lächeln, Papa.“ Prinzessin Ava zeigte dem König, wie man tanzt und Räder schlägt. Das konnte der König nicht sehr gut, aber er versuchte es immer wieder, und plötzlich war sein Gesicht nicht mehr ganz so ernst. Prinzessin Ava zeigte dem König, wie man in der Luft einen Drachen fliegen lässt wie einen Vogel. Der König verheddertе immer wieder seine Schnur, aber sein Gesicht sah von Minute zu Minute weniger ernst aus.

„Gut gemacht, Papa!“, rief Prinzessin Ava. Der Mund des Königs zuckte. Er begann sich an den Ecken zu heben. Dann schenkte er Ava das wundervollste Lächeln. „Ich hatte vergessen, wie viel Spaß es macht, Räder zu schlagen und Drachen steigen zu lassen“, lachte er. „Oh, Papa, du siehst albern aus!“, kicherte Prinzessin Ava. Der glückliche König schlug ein Rad und hüpfte auf seinen Thron. Er wollte neue Gesetze für sein Königreich erlassen. „Ab sofort“, sagte der König, „muss jeder mindestens zehn Räder am Tag schlagen. Und jeder im Palast hat jeden Morgen eine Stunde frei, um zu üben, wie man einen Drachen steigen lässt.“ Der König schenkte Ava eine schöne Halskette. „Dies wird dich daran erinnern, dass jeder ein wenig Verrücktheit und Spaß braucht, um sich das Lächeln zu bewahren“, sagte er. „Oh, Papa“, kicherte Prinzessin Ava, „das habe ich immer gewusst!“ Und sie tanzte aus dem Palast, um zu spielen.

Keine Zeit

Der Herbst war gekommen, und Erik, das Eichhörnchen, hatte es eilig. Den ganzen Tag lang rannte es umher und sammelte und vergrub Nüsse für den Winter.

„Hallo, Erik“, piepste Amelia, die Maus. „Ich habe mein Bett für den Winter schon fertig. Komm und schau es dir an!“

„Keine Zeit!“, grummelte Erik. „Ich habe es eilig.“

„Weißt du was“, sagte Walter, der Specht, zu seinem Freund. „Heute habe ich mein bestes und größtes Loch in den Baum gepickt. Komm und schau es dir an!“

„Keine Zeit!“, bellte Erik. „Ich habe es eilig.“

„Hey, Erik! Ich kann schneller als alle anderen ein Erdloch buddeln“, sagte Rocky, der Hase. „Komm und schau es dir an!“

„Keine Zeit!“, brüllte Erik. „Ich habe es eilig.“

In dieser Nacht, als Erik in seiner gemütlichen Höhle im Baum schlief, begann der Wind zu blasen. Erik wachte sofort auf. Sein Haus schwankte von einer Seite zur anderen, dann … KRACH!

„Hilfe!“, schrie Erik.

„Was ist los?“, rief Amelia aus ihrem Bett.

„Mein Baum ist umgestürzt“, wimmerte Erik. „Wo soll ich jetzt schlafen?“

„Komm und teile mein warmes Bett mit mir. Dort ist viel Platz“, sagte Amelia.

„Danke“, sagte Erik leise. Am nächsten Morgen weinte Erik, als er sein kaputtes Haus sah. „Wo werde ich jemals wieder so eine gemütliche Baumhöhle finden?“, heulte er seinen Freunden vor.

„Ganz einfach!“, antwortete Walter. „Ich habe eine großartige Höhle gebaut. Sie ist perfekt für dich.“

„Danke“, sagte Erik leise. „Aber wie soll ich meine Nüsse zurückbekommen? Mein Baum ist auf sie gefallen.“

„Kein Problem“, sagte Rocky. „Ich kann sie für dich ausgraben.“

Als die ganze harte Arbeit getan war, rief Erik seine Freunde zusammen. „Kommt und esst mit mir in meinem neuen Zuhause zu Abend als Dank für eure Hilfe“, sagte er.

„Keine Zeit!“, sagten seine Freunde. „Wir haben es eilig.“ Erik ließ den Kopf hängen. Da brachen die Freunde in Gelächter aus. „Oh, Erik“, sagten sie. „Für einen Freund haben wir immer Zeit!“

Der Spatz

Piep, piep, man hört ihn kaum.
Wo bist du denn,
Du kleiner Spatz?
Er hat sich verirrt im Kirschbaum!

Der Vogel singt

Der Vogel singt, die Katze schnurrt:
Guten Morgen,
Guten Morgen!
Die Taube auf dem Dache gurrt:
Guten Morgen,
Guten Morgen.

Vöglein singt im Walde

Vöglein singt im Walde,
Singt so hell und rein;
Vöglein darf im Walde
Sich des Lebens freun.

Rotkehlchens Brust, die leuchtet

Rotkehlchens Brust, die leuchtet,
Fahl ist das Kleid vom Spatz.
Rotkehlchen schenkt
Einen silbernen Löffel
Und ist fortan
Der Spätzin ihr Schatz!

Die Elster

Die Elster Glitzerndes gern klaut,
Nicht gern ein eignes Nest sich baut.
Aus der Vögel Schar ihr niemand traut.
Fliegt sie herbei, zwitschern alle laut!

Schwalbenbrecher

Zwischen zweiundzwanzig
Schwankenden Zwetschgenzweigen
Schwatzen zweiundzwanzig
Zwitschernde Schwalben.

Rapunzel

Es lebte einmal ein junges Paar in einem Häuschen an einer steinernen Mauer. Auf der anderen Seite der Mauer wohnte eine alte Hexe. In ihrem Garten wuchsen viele Kräuter und Gemüse, aber die Hexe gab nichts davon ab.

Eines Tages hatte das Paar zum Abendessen nur noch ein paar Kartoffeln. „Es macht sicher nichts, wenn wir bloß ein bisschen davon nehmen“, sagte die Frau und schaute sehnsüchtig über die Mauer. Also kletterte der junge Mann rasch hinüber und begann, seinen Korb mit Gemüse zu füllen. Plötzlich hörte er eine wütende Stimme. „Wer hat dir erlaubt, mein Gemüse zu stehlen?“ Es war die Hexe. „Bitte tun Sie mir nichts!“, flehte der junge Mann. „Meine Frau erwartet ein Kind!“

„Du kannst das Gemüse behalten – und dein Leben!“, krächzte sie. „Aber du musst mir das Kind geben, wenn es geboren ist.“ Voller Angst willigte der Mann ein.

Ein paar Monate später gebar die Frau ein kleines Mädchen. Obwohl die Eltern flehten und weinten, nahm die böse Hexe das Mädchen mit. Sie nannte es Rapunzel.

Jahre vergingen, und Rapunzel wurde ein freundliches, schönes Mädchen. Die Hexe fürchtete so sehr, sie zu verlieren, dass sie Rapunzel in einen hohen Turm ohne Tür und mit nur einem Fenster sperrte. Rundherum pflanzte sie Dornenbüsche.

Jeden Tag bürstete und kämmte Rapunzel ihre langen goldenen Locken. Und jeden Tag kam die Hexe zu Besuch. Unten am Turm rief sie dann: „Rapunzel, Rapunzel, lass dein Haar herunter!“ Rapunzel ließ ihr Haar durchs Fenster hinab, und die Hexe kletterte daran hinauf, um mit ihr zu plaudern. Doch Rapunzel war sehr einsam. Jeden Tag saß sie am Fenster und sang traurige Lieder.

Eines Tages ritt ein junger Prinz vorbei und hörte den lieblichen Gesang aus dem Garten der Hexe. Er versteckte sich

hinter einem Dornenbusch und beobachtete, wie die Hexe vor dem Turm stand und rief: „Rapunzel, Rapunzel, lass dein Haar herunter!“ Der Prinz sah das lange goldene Haar aus dem Fenster fallen und wie die Hexe daran hochkletterte. Als sie wieder gegangen war, schlich der Prinz zum Turm. „Rapunzel, Rapunzel, lass dein Haar herunter“, rief er leise. Rapunzel ließ ihre Locken herab, und der Prinz kletterte daran hoch. Da bekam das Mädchen einen großen Schreck! Doch als der Prinz erklärte, er wolle ihr Freund sein, war Rapunzel entzückt. Von da an besuchte er sie jeden Tag. Monate vergingen, und Rapunzel und der Prinz verliebten sich ineinander. Eines Tages sagte Rapunzel aus Versehen zur Hexe: „Sie sind viel schwerer heraufzuziehen als der Prinz!“ Da wurde die Hexe zornig!

„Prinz?“, schrie sie. „Was für ein Prinz?“ Sie packte Rapunzels langes Haar und schnitt es ab. Dann hexte sie Rapunzel weit weg in den Wald. Bald darauf kam der Prinz zum Turm. Die Hexe hängte das goldene Haar aus dem Fenster, und der Prinz kletterte daran empor. Doch statt Rapunzel erblickte er die hässliche alte Hexe. „Du wirst Rapunzel nie wiedersehen!“, schrie die Hexe und stieß den Prinzen aus dem Fenster. Er fiel in einen Dornbusch. Die scharfen Dornen zerstachen seine Augen, und er erblindete. Weinend taumelte er davon.

Nachdem der Prinz drei Monate umhergeirrt war, hörte er, wie ein schöner, trauriger Gesang durch den Wald klang. Sofort erkannte er Rapunzels Stimme und rief nach ihr. Rapunzel lief zum Prinzen und nahm ihn in ihre Arme. „Endlich habe ich dich gefunden!“, sagte sie und weinte vor Glück. Als ihre Tränen seine blinden Augen benetzten, heilten die Wunden, und der Prinz konnte wieder sehen. „Meine Liebste!“, sagte er und küsste Rapunzel.

Rapunzel war noch nie so glücklich gewesen. Sie und der Prinz heirateten schon bald, und Rapunzels Eltern kamen zur Hochzeit. Rapunzel und der Prinz lebten glücklich in einem großen Schloss, weit weg von der alten Hexe und ihrem Turm.

Nicht so sehr zum Fürchten

Glob, das Monster, wollte groß und furchterregend sein, aber keiner fürchtete sich vor ihm. Noch nicht einmal erschreckt hatte sich jemand.

„Ich bin einfach zu nett“, dachte es sich. „Monster dürfen nicht freundlich sein!“ Eines Tages sah Glob in der Monsterschule ein lilafarbenes Monster mit gelben Flecken, das Murkle hieß. Glob sprang hinter einer Mauer hervor, um sie zu erschrecken. GRRR! Es freute ihn, zu sehen, dass sie weinte. „Weinst du, weil du Angst vor mir hast?“, fragte Glob.

Murkle schüttelte den Kopf. „Ich weine, weil ich niemanden habe, mit dem ich meine Süßigkeiten teilen kann“, sagte sie.

„Oh“, sagte Glob enttäuscht. „Ich habe noch nie Süßigkeiten probiert.“ Murkle hielt ihm mit einem großen Monsterlächeln die Tüte hin.

„Probier eins“, sagte sie. Zusammen mampften Glob und Murkle die ganze Tüte leer. Nachdem sie das letzte Stück gegessen hatten, waren sie beste Freunde.

Sie beschlossen gemeinsam, nie mehr jemanden zu erschrecken. „Süßigkeiten sind köstlich!“, sagte Glob. „Und nett zu sein ist besser, als Angst zu machen.“

Monster-Kindergarten

Ein Monster-Kindergarten ist so ähnlich wie ein normaler Kindergarten. Es gibt dort Lehrer, Spielzeug und Bücher. Aber natürlich ist dort manches anders.

Im Monster-Kindergarten soll man LAUT sein! Die Lehrer schimpfen, wenn man nur geht, weil man überall rennen muss. Und wer beim Essen eine riesige Schweinerei anrichtet, ist in einem Monster-Kindergarten genau richtig. Jeden Morgen singen die kleinen Monster ein besonderes Lied.

„Unartigen Monstern, wie ich eins bin, gefällt das Schreien und das Singen! Lasst uns schreckliche Unordnung machen und überall herumspringen!"

Danach üben sie, unanständige Geräusche zu machen und auf Hüpfkissen zu springen. Am Nachmittag malen die kleinen Monster, genau wie ihr. Aber sie malen nicht auf Papier. Sie bemalen sich gegenseitig!

Ich fürchte, nur kleine Monster dürfen in den Monster-Kindergarten, und deshalb könnt ihr stattdessen nur lesen, wie es dort ist. Außer natürlich, wenn auch ihr kleine Monster seid!

Die Blümelein, sie schlafen

Die Blümelein, sie schlafen
Schon längst im Mondenschein.
Sie nicken mit dem Köpfchen
Auf ihren Stängelein.
Es rüttelt sich der Blütenbaum,
Er säuselt wie im Traum.
Schlafe, schlafe, schlaf du, mein Kindelein!

Sandmännchen kommt geschlichen
Und guckt durchs Fensterlein,
Ob irgendwo ein Liebchen
Nicht mag im Bette sein.
Und wo er nur ein Kindchen fand,
Streut er ins Aug' ihm Sand.
Schlafe, schlafe, schlaf du,
mein Kindelein!

Schlafenszeit

Der Abend kommt,
Die Sonn' geht unter,
Die Krähen fliegen ins Nest, ihr Haus.

„Ra-raah!", krächzen sie,
Nicht mehr so munter.
Auch ihr, Kinder,
Macht das Licht nun aus!

Die Blumen nun ihre Köpfe neigen,
Sanft sinken sie in ihren Abendschlummer.

Margerite lässt baumeln ihren Blütenreigen,
Pimpernelle vergisst den Liebeskummer.

Der Schmetterling faltet müde seine Flügel,
Die Vögel verstummen,
Die Biene fliegt nach Haus.

Die Sonne rollt in ihr Bett hinter dem Hügel.
Auch ihr, Kinder,
Macht das Licht nun aus!

Der kleine Wolf gibt groß an

Der kleine Wolf war ein Angeber. „Ich bin so klug, ich könnte den Lehrern Unterricht geben“, sagte er. „Und ich bin so lustig. Wenn ich einen Witz erzähle, könnt ihr wahrscheinlich drei Tage nicht mehr aufhören zu lachen.“ Die Eltern sagten dem kleinen Wolf, er solle nicht angeben, aber er hörte nicht auf sie. Eines Tages begann er, über das Wetter zu reden. „Ich bin so wild, dass ich wette, dass selbst das Wetter vor mir Angst hat“, sagte er am Abend. Der kleine Wolf hatte Pech, denn das Wetter hatte ihm zugehört. „Hmm“, sagte sich das Wetter. „Ich glaube, jemand muss diesem kleinen Wolf eine Lektion erteilen!“ Als der kleine Wolf zum Spielen nach draußen ging, folgte das Wetter ihm. Zuerst regnete es so stark, dass sein Mantel durchnässt war. „Ich muss mich unterstellen“, sagte sich der kleine Wolf. Er kroch unter einen niedrigen Felsvorsprung und rollte sich zusammen, um zu warten, bis der

Regen aufhörte. Aber daraufhin wurde das Wetter nur noch schlimmer … und schlimmer … und schlimmer. „Ich kann nicht länger zusammengerollt hier liegen“, keuchte der kleine Wolf. „Ich muss ein schönes kühles Bad nehmen.“ Er rannte zum Fluss und sprang hinein. Jetzt ließ das Wetter den Wind so sehr blasen, dass große Wellen über dem Kopf des kleinen Wolfs zusammenschlugen. Er hievte sich gerade rechtzeitig aus dem Wasser, bevor es zu schneien begann. Zitternd rannte er

nach Hause. Seine Eltern lagen zusammengerollt in ihrer gemütlichen Höhle, und der kleine Wolf kuschelte sich an sie. „Ich war sehr dumm“, flüsterte er. Er erzählte ihnen, was er über das Wetter gesagt hatte, und seine Mutter küsste seinen felligen Kopf. „Das Wetter hat jetzt seinen Spaß gehabt. Ich bin sicher, dass es dir verzeiht“, sagte sie verschlafen. Der kleine Wolf lächelte und schloss die Augen. Wenn er versprach, nicht mehr anzugeben, würde das Wetter morgen vielleicht mit ihm spielen – aber dieses Mal wollte er etwas Nettes sagen!

Der neugierige Stern

Es war einmal ein neugieriger Stern, der wissen wollte, wie die Menschen wirklich waren. Eines Nachts verließ er also den Himmel und plumpste bei seiner Landung auf der Erde in eine matschige Pfütze neben einem Schweinestall.

„Hallo", sagte der Stern zu einer runden rosafarbenen Kreatur. „Bist du ein Mensch?"

„Nein", kicherte das Schwein. „Menschen sind viel größer als ich!"

Also suchte der Stern weiter, bis er ein großes Geschöpf mit einem sehr langen Hals sah. „Hallo", sagte der Stern. „Bist du ein Mensch?"

„Nein", lächelte die Giraffe. „Menschen haben nur zwei Beine. Ich habe vier." Der Stern seufzte. Er wollte unbedingt einen richtigen Menschen treffen. Er sauste weiter, bis er jemanden sah, der auf zwei Beinen stand und kreischte. „Hallo! Bist du ein Mensch?", sagte der Stern.

„Ganz bestimmt nicht!", antwortete der Papagei. „Menschen sind nicht so schön wie ich!"

„Oje", sagte der Stern. „Vielleicht werde ich nie einem Menschen begegnen." Als die Sonne

herauskam, flog er an einen Sandstrand, um sich auszuruhen. Bald kniete ein Wesen mit neugierigen Augen und wirrem Haar neben ihm. „Hallo! Bist du ein Mensch?“, sagte der Stern.

„Ja, bin ich“, lachte der kleine Junge. „Ich heiße Noah. Willst du mit mir spielen?“ Der Stern sprang vor Aufregung in die Höhe. Sie entdeckten zusammen Felstümpel, bauten Sandburgen und spielten den ganzen Tag Verstecken. Und der Stern fand heraus, dass Noah sehr, sehr neugierig war – genau wie er selbst! Als die Dämmerung kam, sagte der Stern Noah auf Wiedersehen.

„Bleib immer neugierig“, sagte er. „Die Suche nach Neuem kann dich an erstaunliche Orte führen.“ Mit einem Strahl aus silbernem Licht schoss er in die Luft und nahm seinen Platz am funkelnden Nachthimmel wieder ein.

Regen, Regen verschwinde

Regen, Regen
Verschwinde,
Verschwinde mit
Dem Winde!

Doktor Förster

Doktor Förster ging zur Arbeit,
Als ein Gewitter blitzte.
Er trat in eine Pfütze
Und versank darin
Tief bis zur Hüfte.

Es regnet in Strömen

Es regnet in Strömen.
Der alte Mann aus Böhmen
Schläft bis zum späten Morgen
Und vergisst alle Sorgen.

Hör den Donner

Hör den Donner,
Hör den Donner.
Fürcht dich nicht,
Fürcht dich nicht!

Regentropfen prasseln,
Regentropfen prasseln:
Aufs Gesicht,
Aufs Gesicht!

Sieh die Sonne,
Sieh die Sonne,
Wie sie lacht,
Wie sie lacht.

Sie wird alles trocknen,
Sie wird alles trocknen.
Gut gemacht –
Gut gemacht!

Das Toastgespenst

Ein hungriges Gespenst, das liebte Toast:
„Einen ganzen Laib – der brächte mir Trost.“
Was es sich wünschte mehr als alles Futter,
War jemand, der ruft:
„Hier gibt’s Toast mit Butter!“

Was Geistern am meisten Spaß macht

Der netteste Geist auf der Kirmes hieß Milo, und er erzählte liebend gern Witze.

„Mögen Menschen Witze?“, fragte er die anderen Geister.

„Stell keine dummen Fragen“, antworteten sie. „Menschen hassen Witze.“

Eines Tages stieg ein traurig aussehender Junge namens Willi in die Geisterbahn. Milo setzte sich neben ihn.

„Hallo“, sagte er. „Gefallen dir Witze?“

Willi sah ängstlich aus, aber Milo wollte ihm trotzdem einen Witz erzählen.

„Was essen Geister?“, fragte Milo ihn. „Spuk-hetti!“ Er freute sich, als Willi kicherte. „Welche Geister sind entgegenkommend?“, machte er weiter. „Geisterfahrer!“ Willi lachte noch einmal. Die ganze Fahrt lang erzählte Milo Witze, und Willi lachte.

„Darf ich morgen wiederkommen?“, fragte Willi, als die Fahrt zu Ende war. „Ich habe noch nie in meinem Leben so gelacht!“ Milo grinste.

„Natürlich“, antwortete er. „Und ich weiß jetzt, dass Menschen auf jeden Fall Witze mögen!“

Überraschung beim Einkaufen

Als Benjamin Maus ein blaues Fahrrad im Schaufenster des Spielzeugladens sah, sagte Herr Maus ihm, Fahrräder seien dummes Zeug. „Hilf mir stattdessen beim Einkaufen“, sagte Herr Maus. „Einkaufen ist langweilig“, grummelte Benjamin. „Vielleicht macht es ja mehr Spaß, als du denkst“, antwortete Herr Maus. Im Lebensmittelladen suchte Herr Maus ein paar Möhren und Äpfel aus. Benjamin beobachtete währenddessen, wie der Lebensmittelhändler mit Äpfeln und Orangen jonglierte. Als er dies seinem Vater erzählte, runzelte der die Stirn. „Lebensmittelhändler sind zum Jonglieren zu vernünftig“, sagte er. Im Milchgeschäft, wo sie Milch und Käse einkauften, sah Benjamin Frau Kuh in einem rosa Ballettröckchen umherwirbeln. Er erzählte es seinem Vater, der den Kopf schüttelte. „Kühe sind zum Tanzen viel zu beschäftigt“, sagte er. Zuletzt gingen sie in die Bäckerei. Während Herr Maus einige Teilchen auswählte, sah Benjamin, wie die Bäckerin fünfzehn Donuts auf ihrer Nasenspitze balancierte. Benjamin berichtete dies wiederum seinem Vater. Der seufzte: „Du fantasierst", sagte er. „Bäcker spielen

nicht mit Gebäck." Als sie auf dem Heimweg wieder an dem Spielzeugladen vorbeikamen, rollte der Verkäufer gerade das blaue Fahrrad hinaus. „Oh nein! Es ist verkauft!", rief Benjamin. „Ja, so ist es", antwortete der Verkäufer. „Es gehört DIR!" Benjamin starrte seinen Vater erstaunt an. „Hast du es gekauft?", fragte er. „Ich?", antwortete Herr Maus. „Ich bin viel zu streng, um Spielzeug zu kaufen!" Aber er zwinkerte dem Verkäufer heimlich zu, als Benjamin aufgeregt auf das Fahrrad sprang. „Ich helfe dir morgen wieder beim Einkaufen", versprach Benjamin. „Du hast recht, es macht mehr Spaß, als ich dachte!"

Die Prinzessin auf der Erbse

In einem fernen Königreich lebte einst ein hübscher Prinz. Er hatte liebe Eltern, viele Freunde und ein wunderbares Leben auf seinem Schloss. Doch eine Sache machte ihn traurig: Er hatte keine Frau. Der Prinz wollte gern eine Prinzessin heiraten. Doch sie sollte schlau und lustig und lieb und nett sein. Keine der Prinzessinnen, die er bisher auf Bällen und Festen getroffen hatte, war die Richtige. Einige waren zu böse, andere zu zickig. Manche waren zu ruhig, manche zu laut. Und manche waren einfach nur langweilig!

So beschloss der Prinz, die Welt zu bereisen. Er traf viele weitere Prinzessinnen, die ihn mit ihrer Schönheit, ihrem Tanz oder ihren Backkünsten beeindrucken wollten – die Richtige war immer noch nicht dabei. „Ich werde nie die richtige Prinzessin finden", seufzte er. „Kopf hoch, mein Sohn", sagte der König. „Du bist noch jung. Eines Tages wirst du ein wunderbares Mädchen finden, so wie ich deine Mutter fand."

Dann, eines Nachts, gab es einen schrecklichen Sturm. Plötzlich klopfte jemand laut ans hölzerne Schlosstor. „Wer kann denn das sein, in solch einer stürmischen Nacht?“, wunderte sich der Prinz. Als er die Tür öffnete, starrte ihn ein hübsches junges Mädchen an. Es war von Kopf bis Fuß durchnässt.

„Oh bitte, Eure Hoheit, darf ich einen Moment hereinkommen?“, bat es. „Ich war unterwegs zu Freunden, aber ich habe mich in diesem Sturm verlaufen, und jetzt bin ich ganz nass.“ Der Prinz holte das arme Mädchen aus Kälte und Regen herein. „Du armes Ding“, sagte die Königin. „Du musst über

Nacht bleiben. Bei diesem Wetter kannst du nicht weiterreisen." Der Prinz lächelte das Mädchen an. „Wie heißt du?", fragte er. „Ich bin Prinzessin Penelope", antwortete es. Beim Wort „Prinzessin" lächelte die Königin in sich hinein. Sie nahm die Hand des Mädchens und sagte laut: „Komm, du musst dich aufwärmen!"

Der Prinz hörte zufrieden zu, als die reizende Prinzessin beim Essen drauflos plauderte. Er konnte nicht aufhören, sie anzuschauen. Sie war schlau und lustig und lieb und nett. Am Ende des Abends war der Prinz verliebt!

Die Königin freute sich, als sie das sah, aber sie wollte ganz sichergehen, dass Prinzessin Penelope auch wirklich eine Prinzessin war. Sie legte eine winzige Erbse unter die Matratze des Gästebetts. Darauf ließ sie zwan-

zig weitere Matratzen stapeln und dann noch zwanzig Federbetten obenauf! Die Königin zeigte der Prinzessin ihr Zimmer. „Schlaf gut, meine Liebe“, sagte sie.

Am nächsten Morgen wollte die Königin wissen, wie die Prinzessin geschlafen habe. Die Prinzessin wollte nicht unhöflich sein, aber lügen konnte sie auch nicht. „Ich habe leider kein Auge zugetan“, antwortete sie und unterdrückte ein Gähnen. „War das Bett denn nicht bequem?“, fragte die Königin. „Es sah sehr bequem aus“, antwortete die Prinzessin, „aber ich spürte etwas Hartes, Unebenes, und jetzt bin ich überall schwarz und blau!“ Die Königin lächelte und nahm das Mädchen in den Arm. „Das ist der Beweis!“, rief sie. „Nur eine echte Prinzessin kann eine winzige Erbse durch zwanzig Matratzen und zwanzig Federbetten hindurch spüren!“

Der Prinz war voller Freude. Nicht lange darauf bat er Prinzessin Penelope, seine Frau zu werden. Freudig willigte sie ein, und sie heirateten im Schloss. Der Prinz war nie mehr unglücklich. Und was die Erbse angeht: Die ist jetzt im königlichen Museum, um zu beweisen, dass es perfekte Prinzessinnen gibt!

Register